宝宝的58个心事

沛泽妈　著

中国社会出版社

图书在版编目（CIP）数据

宝宝的58个心事／沛泽妈著．—北京：中国社会出版社，2014.5

ISBN 978－7－5087－4694－4

Ⅰ.①宝…　Ⅱ.①沛…　Ⅲ.①儿童教育—家庭教育—教育心理学　Ⅳ.①G78

中国版本图书馆CIP数据核字（2014）第059667号

书　　名： 宝宝的58个心事
著　　者： 沛泽妈
责任编辑： 张友华

出版发行： 中国社会出版社　**邮政编码：** 100032
通联方法： 北京市西城区二龙路甲33号新龙大厦
电　话：编辑部：（010）66032739
邮购部：（010）66081078
销售部：（010）66080300　（010）66085300
（010）66083600
传　真：（010）66051713　（010）66080880
网　　址： www. shcbs. com. cn
经　　销： 各地新华书店

印刷装订： 保定彩虹印刷有限公司
开　　本： 145mm×210mm　1/32
印　　张： 8
字　　数： 160千字
版　　次： 2014年6月第1版
印　　次： 2014年6月第1次印刷
定　　价： 20.00元

目录

CONTENTS

蹲下来，和孩子一起看世界

教育孩子是一项伟大的事业，要想取得这份事业的辉煌，首先就应该摆正父母与孩子之间的关系，正确的亲子关系是教育成功的关键。那么，孩子与父母之间的关系应该是怎样的呢？

有人说，孩子与父母的关系就像小树苗和园丁。小树苗怯生生地从土壤里钻出来，伸开稚嫩的枝条，带着欣喜的目光注视着这个神奇的世界，勇敢地去追逐太阳，向上，向上，再向上。在小树苗勇敢地追逐太阳的过程中，难免会走弯路，长出许多侧枝，园丁的任务就是剪除这些阻碍小树苗向上的侧枝。

也有人说，孩子与父母的关系就像泥巴与泥塑家。孩子刚出生的时候，就像一块没有成型的泥巴，父母就像泥塑家。把这块没有成型的泥巴捏制得有棱有角、有模有样，让他变成父母心中向往的艺术品。

不错，这两个比喻看似很美妙，无可挑剔，但细细琢磨一下，总感觉有什么地方不太对头。诚然，孩子是小树苗也好，是未成型的泥巴也罢，无论怎样都离不开父母的精心培育，细细雕琢。但是，只发挥了父母的主观能动性，就一定能让小树苗成为栋梁，让泥巴成为精美的艺术品吗？这只不过是父母一厢情愿的想法。

孩子无论是小树苗，还是泥巴，其成长的动力，可塑的潜质都蕴藏于孩子本身。教育的目的不是将孩子培养成父母期望的参天大树、精美绝伦的工艺品，抑或是父母的翻版。而是应该了解孩子的心理，走进孩子的内心世界，让教育成为一种顺其自然的事情。

可悲的是，很多父母总是一厢情愿地按照自己的标准去修剪小树苗，去捏制泥巴。本末倒置的做法使小树苗越来越叛逆，泥巴越来越不成形状，到最后，两败俱伤，伤痕累累。

那么，孩子与父母的关系到底该是什么样的呢？怎样才是成功的教育呢？相比较之下，我更欣赏南京版奶爸的比喻：教育孩子就像牵着一只蜗牛在散步。只有父母放慢了脚步，与孩子站在同一个水平线上，俯下身子，以孩子的角度去看世界，我们才能真正倾听到孩子内心的声音，我们的教育才能真正做到因材施教，摒弃自己一厢情愿的想法。

说到教育孩子，很多人都会皱眉头，无可奈何，牢骚满腹，都把它看作世上最难的一份工作，我则认为教育是最简单、最美好、最快乐、最幸福的一份工作。因为教育孩子就像自己重新长大了一次，和孩子一起走过美好的童年，去展示生命中最初的美好与感动，去体味孩子世界里的天真无邪，该是多么美妙的事情啊！在这个过程中，受教育的何止是孩子，我们不也重新成长了一次吗？

本书能够顺利出版，离不开朋友、老师的热心帮助和大力支持，在此向杨文忠、陈艳梅、杨红、肖永忠、廖学词、杨果、王少宇、周以金、廖晓龙、周海英、张贤军、李宏龙等表示特别感谢。

妈妈，我喜欢你抱着我睡觉

妈妈的爱不释手，让宝宝学会了“撒娇”，哭闹着要睡在妈妈的怀里。

同事芳两个月前当了妈妈，经过10个月的辛苦怀胎，顺利生下一个健康的宝宝。激动、兴奋的心情溢于言表。看着可爱的小家伙儿，芳爱不释手，总是把宝宝抱在怀里。可是，没过多久，芳的烦恼就来了。

“我家的宝宝每天都要我抱着睡觉，无论是晚上，还是白天，只要把宝宝放在床上，孩子就大哭不止，我该怎么办呀？”芳苦恼地向我诉说着她的“悲惨”遭遇。“真是个讨厌的小家伙儿，我的手腕都痛得不得了，整晚睡不好觉，眼睛浮肿，白发增多。天呀！再这样下去，我都快崩溃了。”

其实，芳的遭遇不是个案，很多年轻的妈妈在生完宝宝后都会遇到这种情况。因为谁都无法难掩第一次当妈妈的喜悦，总是喜欢时时刻刻把宝宝抱在怀里，就这样静静地看着他，无论是在他睡觉的时候，还是醒着高兴地吐着泡泡的时候。久而久之，小宝宝就学会了“撒娇”。“妈妈，我喜欢你抱着我睡觉。”

宝宝喜欢在妈妈的怀抱里。所以，当妈妈累了，想把宝宝放在床上睡觉时，小宝宝就开始抗议，不停地大哭，

“妈妈，我要你抱，要你抱。”结果就是宝宝睡不好，睡不踏实，妈妈又累又困，又无可奈何。

别让“溺爱”害了宝宝

在怀孕阶段，每个孕妈咪都盼望着时间快点过，早一天见到可爱的宝宝，卸掉“大包袱”。可是，当宝宝真正降生之后，妈咪们才发现“痛苦”才真正开始。

记得儿子刚出生的三个月，我差点被这个小家伙儿折磨得不成人样。无论是白天还是黑夜，儿子睡觉总要人抱着，放在床上不一会儿小家伙儿就痛哭流涕，小脸涨得通红，直到把他抱起来，他才肯安安静静地睡。搞得我和老公只能轮流抱着他睡觉，累得我们两个都要趴下了。

可是，儿子似乎依然不肯放过我们，以前抱着就可以入睡，到最后，变本加厉，只有抱着他不停地在房间里踱来踱去，小家伙儿才肯睡觉。那段时间，老公的头发一下子白了不少，我也因为产后没休息好，落下了乳房刺痛的毛病。再这样下去，我和老公真的会吃不消。

一天，我的好友珊来家里看望我。珊是妇产医院的医生，听了我的“悲惨”遭遇，珊同情地说：“都是你溺爱宝宝的结果。他刚出生的时候，你总是把他抱在怀里，爱不释手，久而久之，小宝宝就恋上了你的怀抱，不肯离开你了。我见过一个小女孩，都三四岁了，每天还要妈妈抱着睡觉，可累人了。”

“天呀！那该怎么办呀？这样下去，我真的有一天会变成黄脸婆的。”我几乎惊叫出来。没想到当初自己的小错误会导致这么严重的结果，真害怕儿子以后就像跟屁虫似的，离不开我了。

“小家伙儿的毛病不是一朝一夕养成的，你要慢慢地纠正才行。”之后，珊告诉我一个好方法，给宝宝准备一个十分舒服的绒毯，在他有困意的时候，就把他放在上面，轻轻地拍打小家伙儿的背，让他慢慢安静下来。当然，起初，小家伙儿是十分抗拒的，他会用哭声来抗诉。为了宝宝好，也为了我自己，只能狠一狠心，我并不会马上把他抱起来，每次都要他哭一会儿，慢慢延长时间。

渐渐地小家伙儿意识到，自己的抗争是没有意义的，只好乖乖地睡在床上。至此，我的痛苦终于结束了。然而，三个月的折磨让我的手腕很疼，很长时间都不敢提东西。

硬起心肠，不厌其烦，纠正宝宝的坏习惯

新生儿初到人间，一切都是那样的陌生。宝宝会感到害怕、不安，身体肌肤需要父母的爱抚，躺在父母的怀里，宝宝会感到安全而温暖。这是宝宝正常的心理需求，父母应该满足宝宝的这个小小要求，对于建立良好的亲子关系是非常有帮助的。

但是，这不是要孩子一哭就把他抱在怀里，你只要出现在他面前，用手轻轻地拍打，让他知道你在他身边保护他，就可以了。否则，小家伙儿就会得寸进尺，赖在你的怀里，不肯离开。

所以，宝宝从一出生就要培养良好的睡眠习惯，最好给宝宝准备一个独立的小床，让他独自睡觉，这不仅有利于宝宝身体的发育，而且睡眠质量也很高。和大人在一起睡，大人累，宝宝也不舒服。

当然，一旦养成了坏习惯，要纠正也不是一朝一夕的事情，父母一定要硬起心肠，不要因为孩子的哭闹就放弃了纠正，多尝试几次，就会有效果。

延伸阅读：错误习惯养成了宝宝不肯一个人睡觉

孩子要父母抱着才能入睡，除了新生儿生理需要的原因外，很多都是大人的错误做法造成的。以致有些孩子已经四五岁了，睡觉还是件令父母头痛的事。要抱着妈妈的胳膊入睡，或者搂着玩具熊入睡，等等。下面我们就来看看家长的错误做法有哪些。

1. 睡觉准备工作做得不充分

睡觉需要一个安静的环境，但是有些家长喜欢一边抱着孩子，一边看电视，来哄宝宝睡觉，这是一个非常不好的习惯，也会导致宝宝不容易入睡。

2. 溺爱宝宝的结果

家长非常疼爱宝宝，自从孩子出生后，就一直把他当成“掌中宝”，渐渐地，宝宝就喜欢上了被抱着睡觉。

3. 迁就孩子

宝宝生病了，不舒服，家长看着心疼，就想方设法地哄孩子，抱着孩子入睡，等病好了，毛病就养成了。

我哭得好伤心，你们却不明白为什么

嗬哭是孩子的语言信号，他在向人们传递他的需求，可惜，人们总是会错意。

那天，因牙痛去医院看医生，在医院的大厅里，看到一对老年夫妇抱着一个三四个月大的婴儿正在与医生理论。“医生，我家孩子怎么会没有病呢？他哭得这么厉害，肯定是生病了，医生您再给他好好看看吧？”

“老人家，我认真检查过了，孩子真的没有生病，可能是因为生理原因导致的啼哭，您看看孩子是不是饿了，或者是尿湿了呢？”医生耐心地给老人解释。可是无论怎么解释，老人家都认定孩子生病了。

“算了，我不跟你理论了，我看你的医术不行，我还是换一家医院看吧，我可不能耽误了孩子的病情。”老人很不高兴地抱着孩子离开了。

这时，我注意到老人抱着的孩子被包裹得里三层外三层的，当时是5月，很多年轻人都已经换上了短袖，平常气温多在20摄氏度上下，还给孩子包裹这么多，孩子一定会很不舒服，才导致哭闹不止。

我本不打算去管这种闲事，生怕落下埋怨。要知道有时候老年人是很难沟通的。但是当我听到孩子的哭声，心就软了。“大妈，能不能让我看看孩子，也许孩子是太热了，才哭闹不止的。”

老人犹犹豫豫地看着我，又看了看正在啼哭的孩子，才下了很大的决心，把孩子交到我的手上。我抱过孩子，慢慢地解开了孩子外面的包被，又把里面的小被子松了松，让空气能够进去。小家伙儿立马安静下来，朝着我笑，好像在说：“谢谢你，阿姨，我太热了。”老人见孩子不哭了，心情也放松下来了。

宝宝不为人知的“委屈”

爱哭的宝宝确实很招人烦，特别是几个月的小宝宝还不会说话，常常令大人手足无措。即便是大人耐着性子哄宝宝，但由于宝宝太小，他才不会懂得这些，不理会别人的好心，大有孟姜女哭长城的气魄，闭眼张嘴、双臂伸屈，两腿乱蹬，哭得好不伤心哦。

“这孩子真讨厌，怎么哄都不行，尽管哭去，我懒得理你了。”每每邻居小张的女儿一哭起来，小张在做过一番努力不见成效的情况下，都会“狠心”地把女儿丢在小床上，自己也气得大口大口地喘气。“真烦人，见她哭，我又心疼，可是我又哄不好，该怎么办啊？”

小张的女儿已经三个月了，小家伙儿平时特别爱哭，每每哭起来，我家都会被“感染”，房间里回荡起她委屈的哭声。老公开玩笑地说：“这孩子将来一定能当运动员，你瞧她天天练习肺活量。”

那天，我听小家伙儿一直哭闹不止，就敲响了小张家的房门。“你女儿是不是不舒服了？怎么哭了这么久呀？”“她天天都这样，我也拿她没办法。”小张沮丧地坐在沙发上。

我抱起躺在小床上挣扎的小宝宝，摸了摸孩子的肚子，硬邦邦的。“小张，你女儿好像有些不太对劲。”小张紧张地从沙发上弹了起来。“别紧张，我想小家伙儿应该是有些消化不良，你给她吃一点妈咪爱吧。”

过了一个小时，小家伙儿安静地睡着了，肚子也没有刚才那样硬了。“大姐，你怎么知道孩子不舒服？我觉得她天天都哭，我已经习惯了，根本没有想到孩子会不舒服。”

“小孩子不会说话，她饿了、渴了、生病了，或者需要有人陪，都会哭。只不过哭声是不一样的，你应该仔细听一听，这是宝宝在与你交流。”

“这么神奇呀？听你这么说，我仔细想想，每次哭的时候，声音还真的不太一样。有时候她哭得比较急，有时候就哼哼唧唧的，像是很烦躁的样子。”

“一般情况下，如果孩子生病了，就会哭得比较厉害；如果是饿了，哭声往往短而有力，通常三四个小时哭一次；如果只是哼哼唧唧的，显得很不安，要么是想找人做伴，要么就是想睡觉了。”

小张有了这次“培训”，进步不少，现在我家已经很少听到“余音绕梁”的声音了。

安抚宝宝有方法

三四个月以内的宝宝啼哭，最令人揪心，一来你不知道孩子到底出了什么问题，二来因为无法“沟通”让你无计可施。那么，当你确定宝贝只是闹情绪而哭闹不止，你该怎么办呢？

1. 襁褓法

爷爷、奶奶照顾孩子，每次孩子在睡觉的时候，都喜欢用被子将孩子紧紧地包裹起来，这种做法，令年轻人很不解，认为这样做会让孩子很不舒服。其实，对于新生儿来说，这种方法是值得借鉴的。

因为孩子在妈妈的子宫里就是被紧紧包裹着的，他已经习惯了这样的生活环境，在这样的环境里，会让孩子有一种安全感。所以，年轻的妈妈不妨试试这个方法，当然，这其中是有方法的，应尽量把孩子的手臂裹紧，把腿放松，这样就不会影响宝宝髋部的发育，可以让宝宝舒舒服服地睡一个好觉了。

2. 摇晃法

每每孩子哭闹或者哄他睡觉的时候，大家都习惯把孩子抱在怀里，边走边摇晃着怀里的宝宝，不久，宝宝就能安静下来。

这是因为宝宝在充满羊水的子宫里，一直都在晃动，宝宝已经习惯了这种生活环境，摇晃法相当于让宝宝重现在妈妈子宫里的样子，宝宝当然喜欢喽。

3. 侧卧法

很多妈妈习惯让宝宝仰卧着睡觉，就连抱着宝宝的时候，也喜欢仰着抱，这会让宝宝感到不安。正确的方法应该是让宝宝脸朝外，这样就闻不到妈妈身上的奶味了，并保持侧卧的姿势，让宝宝重温在妈妈肚子里的姿势。

延伸阅读：特色的背带背孩子

在云南，随处可以看到年轻的妈妈用背带背孩子，可能很多人对这种用背带背孩子的方法很不解。其实，这种方法同样可以起到安抚孩子情绪的作用。对父母来说，这种方法可以解放双手，干活一点都不耽误。

请不要叫我夜哭郎

孩子夜啼有自身原因，也与父母有一定的关系。父母不经意间的行为可能导致孩子情绪紧张，因而啼哭不止。

在下班的路上，我见到一位头发花白的大娘，正在电线杆上贴东西，嘴巴里还念念有词。出于好奇，我朝电线杆上张望了两眼，上面有这样一行字：天皇皇地皇皇，我家有个夜哭郎，过路君子念一念，一觉睡到大天亮。显然，夜哭郎的说法是迷信。不过，还是有很多老年人认为这招很灵验，在日常生活中我们也会偶尔看到电线杆上有这样的“咒符”。

宝宝在夜间睡眠时，出现间歇哭闹或抽泣，称之为夜啼。如果孩子经常出现夜啼的情况，不仅会影响其生长发育，也会影响父母的休息。由此可见，夜啼不是小事，父母应该耐心地寻找引起夜啼的原因，通常疾病、惊吓、憋尿、睡眠环境不佳等都能导致孩子夜啼。

特别是3个月大的孩子，更容易出现夜啼的情况，这与孩子食量小、餐数多、睡眠周期短有关系。细心的妈妈会发现，孩子每次睡眠只睡一小会儿就醒了，很少连续睡眠超过4个小时。不过这种情况不会持续很长时间，从3个月开始，孩子就进入了稳定的睡眠时间，夜间可以连续睡上5个小时以上，中间只醒来一两次，这对父母来说，真的是一大喜事，终于可以安安稳稳地睡上一会儿了。

孩子夜啼谁之过

好友萍萍的儿子已经一周岁了，可是最近一段时间以来，晚上睡觉总是不踏实，经常在半夜里毫无症状地大哭，无论怎么哄，孩子就是闭着眼睛，两条腿乱蹬，拼命地哭，以致萍萍每晚睡觉都“如临大敌”，总担心孩子会突然啼哭起来。

萍萍的婆婆知道后，就偷偷地给孩子在大街上的电线杆上张贴“咒符”，可是，情况并没有因此好转。萍萍很担心，带孩子去了医院做了检查，一点毛病都没有。苦恼的萍萍找我来帮忙。从萍萍的叙述中，我得知萍萍前不久才搬了新家，自从搬了新家之后，孩子就开始出现“夜哭郎”的症状。

不仅如此，由于婆婆的到来，萍萍与婆婆在生活习惯、育儿观念上有很大的差异，经常会发生小的摩擦，萍萍的情绪一度很紧张。“真是让我头痛，晚上儿子哭闹不止，白天婆婆又对我指手画脚，真是气死我了。”

“萍萍，也许你还不知道你宝宝晚上夜啼与你有很大关系。”我如实相告，萍萍很不解地看着我。反问道：“跟我有什么关系？”

“孩子的心与妈妈的心是在一起的，你虽然没有把心里的不快告诉孩子，但是孩子能够敏感地感觉到。”关于这一点，可能很多父母都没有意识到，但实际上很多孩子的性情都能在父母身上找到影子，父母的脾气急躁，孩子的脾气也急躁，而且在孩子很小的时候就会表现出来，对于这一点我深有感触。

我和萍萍有过类似的遭遇，因为与婆婆相处存在着问题，我常常会发脾气。渐渐地，我发现儿子的脾气很像我，只要有一点不顺心的事情，他都会大哭大闹，不肯罢休。在宝宝一岁半的时候，他发起脾气来，会又蹦又跳的，记得有一次，把我衣服上的扣子都抓了下来。

当然，就萍萍来说，搬家也会引起孩子焦虑。我儿子每次去姥姥家的第一个晚上都睡不好，也会在半夜里啼哭。其实，即使我们成年人换个睡眠环境，也会有很多不适应，何况是孩子呢?

为了孩子的健康成长，做父母的首先应该要求自己，给孩子创造一个良好的家庭氛围。当然，良好的睡眠环境也很重要。孩子远离了导致他情绪紧张的环境，自然就能一觉睡到大天亮了。

非病理性的夜惊最好顺其自然

孩子出现夜啼的情况之后，一定要重视，积极寻找导致孩子夜啼的原因。在排除了疾病导致的夜啼之后，如果宝宝仍有夜晚突然惊醒哭闹的情况发生，父母大可不必担心，只要不是病理性的夜惊，最好顺其自然。

其实，就我们成人来说，也会出现偶尔睡不着觉的情况，或者是半夜做了噩梦，突然醒来。何况是神经系统还没有发育完全的婴幼儿呢?只不过孩子的表现更为强烈罢了。

当宝宝突然在夜里惊醒，大声啼哭时，安慰他，或者试着跟他说话，往往效果不佳。小家伙儿依然会我行我素，照旧哭闹，而且还有可能加重孩子夜啼的情况。此时，只要你站在他的身边，确保孩子不会伤害到自己就可以了。千万不要试图把他弄醒，这会让他更害怕。

延伸阅读：婴儿夜间啼哭与缺钙有关

孩子缺钙，往往会在夜间哭闹，除了夜啼外，孩子还会伴有多汗、枕秃、方颅、囟门闭合晚、肋骨串珠等症状，应多给孩子补充维生素 D 和钙剂，并让孩子多晒太阳，慢慢地，孩子就会好起来。

请不要拿走我喜欢的东西

在孩子的眼中，玩具是有生命的，就像是他要好的“朋友”。和“朋友”在一起，孩子会感到安全和愉悦。

每天到下班的时间，我都会看到一个小女孩抱着一个脏兮兮的布娃娃，站在公司的门口等妈妈。她的妈妈是我们公司的保洁员，由于平时工作忙，家里又没有人帮忙带孩子，小女孩就整天跟着妈妈。可是，由于妈妈需要工作，工作期间是不允许带孩子的，妈妈就“命令”小家伙儿在公司门口等，直到下班，才会带着小家伙儿离开。

每天上班的时候，我都能看到小女孩，小女孩见到陌生人，总是把布娃娃紧紧地搂在怀里，流露出紧张的神情。如果多看她两眼，小女孩就会迅速地跑开。那天，我听到小女孩的妈妈跟同事诉苦：“我家闺女总是抱着布娃娃，我想给她洗一洗都不让，不管睡觉还是醒来，都要抱着，就连吃饭都把布娃娃抱在怀里。”

听过小女孩妈妈的诉说后，我想到了一个词——“恋物情结”。恋物情结在幼儿当中是非常普遍的，它是孩子的一种心理安慰，而且这种自我安慰行为在入睡前，或者感到不安的时候，会更加明显。孩子会紧紧地抓着手里的东西不放手，无论走到哪里，总会带上它，一旦没有了，孩子就会非常紧张，焦虑不安。

为什么会出现这种现象呢？其实就是孩子把玩具人物化了。孩子把玩具当成了有生命的物体，和玩具长期相处，形成了形影不离的“小伙伴”。有“小伙伴”在一起，就会感到安全。最重要的是，“小伙伴”永远不会离开自己，自己可以随意控制，不像爸爸、妈妈还要上班离开自己。

恋上“小白兔”的小孩

一天晚上，已经接近10点了，小美敲响了我家的房门。“姐，你家有没有毛绒玩具呀？”小美拉着哭得泣不成声的女儿娇娇着急地问。儿子沛泽向来不喜欢毛绒玩具，他总说那是女孩子的玩具，只是在他小的时候，给他买过一只玩具熊，一直放在衣柜里，很少拿出来。

“我家有一只玩具熊，可以吗？”我对小美的这个要求有些奇怪。“唉，玩具熊就玩具熊吧，我现在只能是死马当活马医了。”小美从我手中拿过玩具熊，递给了女儿，娇娇抬头看了一眼，一把就将玩具熊丢在了地上：“我要我的小白兔，小白兔！”

“你这个孩子真是烦人，妈妈不是给你说过了吗，你的小白兔被表妹借走了，过两天就还回来。”从小美那里我得知，原来娇娇每天睡觉的时候都要抱着小白兔才能睡着。两天前，娇娇的表妹来家里玩，非常喜欢娇娇的小白兔，吵着要带回家玩，小美就答应下来。

这下可麻烦了，娇娇急得上了火，给什么玩具都不要，就要那只小白兔。饭也不好好吃，去幼儿园还总哭鼻子，最难办的就是晚上睡觉，没有小白兔，娇娇一到晚上就哭哭啼啼，直到后半夜才肯睡去。

“现在孩子就像患上了神经病似的，明明知道是表妹拿走了小白兔，可是她总是在房间里翻来翻去，一边翻一边哭，真是让我拿她没办法。”小美急得都快哭了。“姐，你说我该怎么办呀？一会儿我还要去上夜班呢！”

小美的话让我找到了问题的症结。娇娇的爸爸是名工程师，长期驻外，妈妈小美是一名医生，经常上夜班。每次小美上夜班，娇娇都不会哭闹，抱着心爱的小白兔睡觉，渐渐地，她就再也离不开小白兔了。爸爸、妈妈不在身边，小白兔就成了娇娇的精神支柱，有了它，就像爸爸、妈妈在身边一样。没有它，小美就会感到没有安全感，久久不肯睡觉。

“小美，你不要着急，其实，娇娇是因为缺乏你的关爱，才会对小白兔情有独钟的，小白兔能给她带来安全感，无论什么时候，小白兔都不会离开她。以后你要多关心孩子，慢慢地孩子就会改掉这个毛病了。”

小美听了我的话，惭愧地低下了头。从那以后，小美增加了与娇娇在一起的时间，娇娇睡觉的时候，小美尽量陪在身边，轻轻地拍着小宝贝，直到她甜甜地睡着。现在娇娇已经摆脱了对小白兔的依恋，与妈妈的关系也更加亲密。

恋物孩子的纠正方法

本文中娇娇的行为是典型的恋物行为。一提到恋物，很多家长都会如临大敌，觉得这是一个很恐怖的问题。其实，婴幼儿在每个时期都会表现出独有的特点，对于孩子的恋物举动不必惊慌失措。因为很多现象都是阶段性的，持续一段时间后，经过父母有意识的调整，都会走上正轨。

建议在孩子出现恋物行为之后，父母要好好想一想是什么导致了孩子这样的心理。是平时对孩子的关注不够，孩子感到了孤独与不安，还是近期受到了不良的刺激等。

如果是与孩子在一起的时间过少，那么，就一定要抽出时间来多陪陪孩子。尽管工作很忙，但是什么事情也没有比孩子健康成长更重要，不是吗？尤其是在孩子入睡前，一定要多陪在他的身边，讲故事给他听，唱歌给他听，或者轻轻地抚摸他，让孩子感觉到父母的爱与关怀。

另外，父母应鼓励孩子多与小伙伴在一起，这样既丰富了孩子的生活，又能让孩子摆脱对慰藉物的依赖和要求。

延伸阅读：恋物对孩子心理健康的影响

如果孩子到了四五岁，依然有恋物的行为，家长就应该引起注意了。有必要咨询心理医生，寻找更好的解决办法。

长期恋物会让孩子失去小伙伴的认可，甚至会遭到同伴的鄙视，不愿意与他交往。这样孩子就体会不到交友的乐趣，慢慢地，性格上就会更加内向，也会让恋物的行为越发严重，形成恶性循环。

天黑了，我好害怕

孩子知道害怕，说明他长大了，有了想象力。只是还无法区分想象与现实的界限而已。

下班回家，在楼道口碰到了张阿姨和小虎。小虎是张阿姨的孙子，今年2岁。这么晚了，这祖孙两个人要去哪里呢？经过询问得知，小虎非吵着要吃冰棍，张阿姨觉得天凉了，吃冰棍会肚子痛，便不同意给小虎买。小虎又哭又闹，不依不饶。张阿姨没有办法，就带小虎下楼来散步。

“小虎，现在是秋天了，小宝宝吃了太凉的东西，肚子就会生虫子，会很痛的。”我抚摸着小虎的头。“小虎很乖，听奶奶说，等天气好的时候再吃好不好？”“不嘛，我要吃，奶奶买，我要吃。”小虎听说不给他买，又开始发脾气。

“小虎，你再不听话，我就让鬼婆婆来抓你。”小虎的奶奶做出凶神恶煞的样子吓唬他。小虎看了看楼道外，天已经黑了，赶紧把头缩了回来，躲在了奶奶的身后，瑟瑟发抖。看到小虎不闹了，奶奶很得意地说：“谁家的孩子不听话，一到晚上，天一黑，鬼婆婆就会出来，把他抓走，我看你听不听话。”

看到这一幕，我心里很难受。这样做，虽然能让孩子暂时安静下来，可是对孩子的影响却是深远的。很多孩子害怕天黑，一到天黑就不敢出门，这与家长的不正当教育有关。当然，孩子的恐惧心理也与孩子想象力发展有关。

“大灰狼”来了

记得儿子沛泽小的时候也和小虎一样，非常怕黑。晚上睡觉之前，都不允许我把灯关掉。即便是开着灯，他都会用被子把自己裹得严严实实，甚至会把头都蒙上。有一年的夏天，天气很热，可是，沛泽却非要盖着被子才肯睡觉，当我问他为什么要这样做时，孩子告诉我，盖上被子，就不会被大灰狼发现了。

孩子怎么会突然怕大灰狼呢？他也没有亲眼见过大灰狼呀？出于好奇，我耐心地与儿子交谈。“沛泽，你能告诉妈妈，为什么你会怕大灰狼呢？”儿子很小心地从被子里探出个头来，小声地说：“大灰狼能一口气把房子吹飞了。”

儿子边说边往门口望了望，很不安地问我：“妈妈，我家的房门关好了吗？”我很认真地告诉他：“放心吧，我已经把房门锁好了。”通过与儿子的进一步交谈，我得知原来儿子的恐惧源于一个故事。

沛泽有个习惯，每天晚上睡觉前都让我给他讲一个故事听。一天晚上，我给他讲了《三只小猪盖房子》的故事，给他留下了深刻的印象。自此，他就担心大灰狼会把我家的房子一口气吹跑。

“儿子，大灰狼不会跑到咱们家来的，咱们这里是城市，没有大灰狼，有也是被关在动物园里不会出来的。”我耐心地给儿子解释，希望他能够明白自己的担心是没有必要的。

“可是，大灰狼会魔法，他会从里面逃出来呀！”沛泽还是心存顾虑。“你怎么知道大灰狼会魔法呢?”我很奇怪孩子怎么会有这样的想法。

“妈妈，你看灰太狼就会魔法，将许多小羊都抓走了，我害怕大灰狼也会来抓我，怎么办呢?”沛泽很害怕地抱住了我的脖子。

“宝贝，那是动画片，不是真的，是人们想象出来的。”儿子半信半疑地看着我。“真正的大灰狼是不会说话的，更不会魔法，只有人才能说话……”我耐心地给儿子解释，并鼓励儿子勇敢一些。后来慢慢尝试着把灯关掉，每当孩子勇敢地迈出一小步后，我都会及时地给予鼓励，让孩子体验到成功的喜悦和被赞美的快乐。

随着孩子知识的不断增长，他已经不再一到晚上就变成一只瑟瑟发抖的小兔子了。有时，我还特意晚上带宝贝外出散步，让他在黑暗中触摸他的玩具，让他亲身体验黑暗。这种经历要比我说上很多话都管用，真所谓实践出真知。

帮助孩子化解恐惧

两三岁的孩子多会害怕黑暗。这是因为他们已经有了丰富的想象力，只不过还分不清现实与想象的界限，而且还会把恐惧扩大化。这是这个年龄段孩子的认知特点。那么，父母该如何帮助孩子化解恐惧呢?

首先，父母要给孩子正面的引导。当宝宝有了进步之后，要积极地鼓励孩子，让孩子逐渐消除对黑暗的恐惧。特别提醒家长，千万不要吓唬孩子。“不听话，狼外婆会把你捉走。”“天一黑，鬼婆婆就会来抓不听话的小孩。”这些做法虽然能够让孩子暂时安静下来，但是对孩子心理的伤害却是巨大的。

其次，让孩子亲身体验黑暗。家长可以和孩子一起在黑暗中做游戏，让孩子用手去触摸自己平时接触的东西，比如玩具，这样做便于与黑暗中的物体建立亲和性，自然就不会害怕了。

最后，当孩子感到害怕时，家长要多抱抱孩子，多关心孩子，让孩子体会到爱抚，这也可以在一定程度上消除恐惧心理。

当然，还要让孩子少接触到血腥的场面。比如电视中的一些凶杀、恐惧的画面，尤其是在睡觉前，更不宜看这类节目。

延伸阅读：现身说法来教育孩子

父母是孩子的榜样。人们常说，有什么样的父母就有什么样的孩子，此话不假。当孩子害怕黑暗时，千万不要责备孩子："你怎么这么胆小，简直是个胆小鬼。"这样做，不仅不会消除恐惧感，还会让孩子自责，认为自己很没用。

父母不妨直言告诉孩子："其实，爸爸小的时候，也和你一样害怕。但现在已经不再害怕了，因为我知道那些鬼神都是不存在的。"这会增加孩子的信心。"爸爸也害怕过，说明害怕并不丢人。"慢慢地，恐惧的心理就能得到克服。

吸吮手指不是坏习惯，请不要制止我

请不要制止小宝宝吃手，这是他在认识世界，对促进大脑的发育有很好的作用。

一天，我在小区里散步，看到一位年轻的妈妈抱着一个三个月左右大的婴儿，在凉亭里休息。小宝宝长得很可爱，胖乎乎的脸蛋，水汪汪的大眼睛。只见小家伙儿把整个拳头都放进了嘴里，吸吮得啪啪作响。

“宝宝，不许吸吮手指，太脏了，不然会生病的。”孩子的妈妈将宝宝的手从嘴里拿了出来。小家伙儿似乎意犹未尽，趁妈妈不注意，一会儿又把手塞进了嘴里。妈妈见后，又强行将手指拿了出来。就这样，反反复复两三次，终于把小家伙儿惹急了，哇哇大哭起来。

宝宝的哭声惊动了在一旁散步的一位老人，老人热心地给年轻的妈妈讲解起来：“小孩子爱吸吮手指是正常的，没什么大不了的。人家都说孩子的小手有三两蜜，味道甜，等蜜吸吮完了，小孩子就不会吸吮手指喽。”

年轻的妈妈半信半疑地看着孩子再次把手指放进嘴里。果然，有“蜜”吃的孩子立马停止了哭声，高兴地吸吮起来。

看到这样的场景，让我有些忍俊不禁，因为我也像这位年轻的妈妈一样被老人“教育”过。后来，我认识了一位儿科医生，跟他聊起小孩吃手的问题，他告诉我，这是宝宝在认识世界。

宝宝认识世界的方式与我们成人不同，不是靠大脑来思考，而是先从嘴巴开始。因为宝宝的大脑还没有完全发育，宝宝不知道手是自己身体的一部分，他会把手当成一个外在的东西，就好比是一个玩具。细心的妈妈会发现，宝宝吃手是从整个手逐步过渡到一根手指的，这说明孩子大脑支配行动的能力提高了。

戴上手套的宝宝

处于婴儿期的宝宝有吸吮手指的习惯，是正常现象，父母大可不必担心。但是，需要提醒父母的是，有些时候，宝宝吸吮手指是有其他原因的，内心的焦虑不安就是重要的原因之一。

表妹是一个事业型的女性，因为忙于工作，到了30多岁才要宝宝。在生下宝宝蛋蛋3个月之后，表妹就投入到了工作中，将孩子托付给母亲照顾。一转眼，蛋蛋已经3岁半了，但是蛋蛋还是喜欢吸吮手指，因为经常吸吮，蛋蛋拇指上结了一层厚厚的茧子，表妹为了让孩子戒掉吸吮手指的毛病，就给孩子戴上了手套。

蛋蛋吸吮不到手指，一天到晚哭闹个不停，尤其是睡觉的时候，没有拇指做伴，更是难以入眠，表妹不得不带孩子去看心理医生。医生告诉表妹，蛋蛋喜欢吸吮手指应该与表妹不经常陪伴在孩子身边有关。

医生的话让表妹后悔不已。表妹说，她为了工作，经常把孩子托付给母亲。有一段时间，蛋蛋特别喜欢黏着她，没有妈妈，蛋蛋很难睡着，可是表妹为了忙工作，经常不顾蛋蛋的哭闹，毅然决然地离开。有时蛋蛋哭闹得厉害，表妹还会严厉地训斥孩子，甚至会把工作中的不满、压力发泄到孩子身上。

渐渐地，蛋蛋不再找妈妈陪，只是一到晚上的时候，蛋蛋就沉默不语，郁郁寡欢地一个人躲在角落里吸吮手指。到后来，白天也会吸吮手指，在幼儿园里，蛋蛋也形单影只，没有小伙伴和他一起玩，只有大拇指是他的亲密伙伴。

这件事之后，表妹意识到问题的严重性，开始痛改前非，无论工作多忙，每天都抽出一定的时间陪着蛋蛋，陪他一起做游戏，给他讲故事听。和孩子关系亲近是解决孩子吸吮手指的前提。

慢慢地，蛋蛋喜欢和妈妈在一起了，脸上也多了笑容。这时，表妹开始给蛋蛋讲道理："蛋蛋，你长大了，不能再吸吮手指了，不然肚子会生虫子的。"蛋蛋愉快地点了点头。但是，有时候蛋蛋还是控制不住自己，这时表妹就会给孩子拿一些小点心吃，或者给他好看的画册看。

尤其是晚上睡觉的时候，表妹一定会陪在孩子身边，因为这个时候，是蛋蛋吸吮手指最严重的时候，表妹会轻轻地拍打孩子的背，让孩子放松，并唱儿歌给他听。

经过近3个月的调整，蛋蛋不再依恋大拇指了，已经喜欢上了幼儿园，每天回到家里，都有好多话要说给妈妈听。

纠正"吮指癖"并非一朝一夕的事情

著名心理学家弗洛伊德把婴儿出生后第一年称为"口

腔期”，是人格发展的第一个基础阶段。在这个阶段，父母要顺应宝宝生理发展的需要。也就是说，如果宝宝吸吮手指，是不能强行去制止的，只要顺其自然就好。

但是，如果孩子到了三四岁，依然有吸吮手指的习惯，家长就应该引起注意了，这是孩子心理上出现了问题。要纠正“吮指癖”，可以从以下方面入手。

第一，对孩子多一些关注，在孩子犯错误时，不要大声地斥责他，减轻孩子焦虑不安的情绪；第二，当孩子吸吮手指时，可以通过讲故事、唱歌等方式转移他的注意力；第三，如果以上两种方法都不行，不妨试试厌恶疗法，在孩子的手指上涂上一些令他厌恶的溶液，比如，食用醋、黄连素等，但要以不伤害孩子为前提。

延伸阅读：喂奶方式不当也会导致“吮指癖”吗

在给宝宝喂奶时，只要宝宝吃饱了，很多妈妈都会立刻拔出乳头，其实，这种做法并不妥当。即使宝宝已经吃饱了，但他还有吸吮的欲望，如果这种吸吮的欲望得不到满足，孩子就会通过吸吮手指来满足自己的需要。所以，喂奶时，妈妈切勿着急，一定要让宝宝得到满足，直到他自己吐出乳头再离开。

请不要抱我，我不喜欢你

认生是宝宝情感发展的第一个重要里程碑，不过，并不是所有的宝宝都会认生，这多是后天环境影响的结果。

“这是谁家的小宝宝，真可爱。一笑还有一个小酒窝呢！”一个7个月大名叫小宝的孩子刚出现在众人的面前，就立刻引起一阵“骚动”，大家纷纷上前围住小宝。小宝看到这么多人看着自己，“不好意思”地躲进了妈妈的怀里。

“真是个漂亮的小孩，来让张奶奶抱抱。”小宝的妈妈把小宝送到了张奶奶的怀里。很明显，小宝有些不愿意，嘴巴一撇一撇的。妈妈赶紧安慰小宝：“小宝，不怕，张奶奶喜欢你，你小时候也让张奶奶抱过的。”

小宝妈妈的话音未落，小宝就大声地啼哭起来。“人家都说孩子见到老人哭，说明老人寿命不长了。”张奶奶见小宝哭了，脸上闪过一丝哀伤的神情。张奶奶今年快80岁了，身体一直不太好。

“小宝，哭什么呀？这么胆小，大小伙子这么胆小，以后怎么成大事？”小宝的妈妈听张奶奶这么说，也开始责备小宝。

“没事，小宝就是认生了，慢慢地就好了。”小宝的妈妈听到有人这样说，立马把小宝又交到了张奶奶的手上，孩子再次哇哇地大哭起来。“孩子就得适应，多和陌生人打交道，他就不认生了。”

听着小宝撕心裂肺的哭声，真是让我心疼。孩子不喜欢与陌生人亲近，是认生的表现，是孩子成长过程中的必经阶段。要纠正认生，并不是一朝一夕的事情，不顾孩子的反抗，硬把孩子塞给陌生人，不仅不会纠正孩子的认生，还会让孩子更加害怕陌生人，对孩子的成长是非常不利的。

认生宝宝爱上陌生人

德国的教育学专家 Christiane 博士曾经说过：“宝宝的认生期随着他的成长而自然产生，很可能在一夜之间，认生期就到来。”确实如此，我儿子沛泽在 4 个月以前，是个人见人爱的小宝宝，见到谁，都非常友好，别人一逗，就呵呵地笑起来。

但是当沛泽 5 个月大的时候，他就开始对陌生人表示出“警惕”，经常要目不转睛地盯着别人看好一会儿，表情十分严肃，好像在说：“你是谁呀？我不认识你，你可不许靠近我。”

在沛泽 6 个月大的时候，一天，一个邻居来我家串门，想抱抱沛泽。还没等别人把他抱起来，他就开始哇哇大哭，两条腿不停地乱蹬，双手乱抓。直到我把他抱在怀里，小家伙儿才安静下来，并时不时地扭过头看着陌生的“天外来客”。

认生是宝宝情感发展的第一个重要里程碑，我在感到高兴的同时，也有一丝忧虑。如果孩子长大些，对陌生人还是如此抗拒，势必会影响孩子的心理健康。于是，我开始反思孩子在教养过程中存在的问题。

沛泽出生在冬季，我担心孩子太小，带到外面去会受寒，所以，一直让孩子待在屋里。平时都是由我一个人照看，我想可能是孩子的“见识”太少，才导致他对陌生人有恐惧感。

我曾在一个育儿的专栏中看过这样一句话：并不是所有的孩子都会认生，而且宝宝一出生并不认生，认生更多的是在环境的影响下逐步发展起来的。看来，是时候要增长沛泽的见识了。

天气好的时候，我就会带着沛泽到四处走一走，见到和沛泽一样大小的宝宝，我会带着他过去“打招呼”。通过这个行为，我发现沛泽对同龄人还是很友好的，不仅不会紧张，还会呵呵地笑，或者咯咯地说话，我觉得这是纠正宝宝认生的一个切入点。

从那以后，我就经常带着沛泽到有小宝宝的地方去。渐渐地，沛泽不仅与小宝宝相处得很好了，而且对年轻的阿姨也表现出友好。一次，当一位年轻的妈妈向沛泽招手，要求抱他时，小家伙儿竟然很高兴地递过手去，与阿姨玩了好一会儿，似乎都忘记了妈妈，把我晒在一边，等我把他抱回来的时候，他还有些不情愿呢。

纠正沛泽认生初现成果，我决定再接再厉，尽量让他接触到更多的人，不仅是年轻的妈妈，还有奶奶，或者是戴着眼镜的叔叔。慢慢地，沛泽已经不再害怕陌生人了，不再拒绝陌生人的拥抱了。

让宝宝接触陌生人要循序渐进

一般 4 个月以内的宝宝是不会拒绝陌生人的。但宝宝 6

个月左右，在陌生人面前就会出现比较明显的严肃、紧张的神态，之所以这样多与教养环境有关。宝宝经常由一个人带，并且很少走出家门，是导致宝宝害怕陌生人的重要原因。

纠正宝宝认生的毛病，最根本的是要让宝宝多走出家门，多接触陌生人。当然，这是一个循序渐进的过程，不能操之过急，否则，只会欲速则不达。

宝宝在接触陌生人的过程中，首先可以从宝宝的同龄人入手。另外，年轻的女性也是宝宝相对乐意接受的人群，因为她们和妈妈有相似之处。然后，逐步让宝宝接触其他的人群。尤其要注意，当宝宝接触到戴帽子、戴眼镜的人时，宝宝可能会有些恐惧，慢慢地，适应了就好了。

延伸阅读：给宝宝足够的安全感，才能让他爱上陌生人

宝宝认生一般都与“害怕”有关，与陌生人接触，宝宝会有不安全之感。而宝宝的安全感既来自抚养人对他的态度，也来自陌生人的行为表现。平时宝宝的妈妈以及家人对宝宝的态度要和善、温和，不能在宝宝面前大呼小叫，尤其是在宝宝哭闹的时候，更不能训斥宝宝。

另外，当宝宝接触陌生人时，家人一定要提醒接近宝宝时，动作要慢一点，温柔一些，突然将宝宝交给陌生人抱，会让宝宝更加紧张、焦虑，以后会更加害怕与陌生人接触。

妈妈，你不准抱别的小宝宝

忌妒并不是大人才有的心理，幼儿甚至婴儿都会有忌妒心，爱比较就是最为常见的表现。

好友琼生了一个可爱的小公主，上个月邀请我和彤去喝满月酒，我们欣然前往。“好可爱的小公主啊，你看她高高的鼻梁好像琼啊！”我抱起小公主让彤看，彤顺势接过了小公主。

“不行，不行！”彤一岁半的儿子小强开始抗议，使劲地拽着妈妈的衣角，当时大家的注意力都在小公主身上，没太留意小强的情绪不对劲。彤以为小强又在耍脾气，就责备小强说：“你真不乖，你看小妹妹都不哭不闹，你要是不听话，妈妈就把妹妹抱回家。”

小强立刻安静下来。过了一会儿，我和彤准备离开，却发现小强不见了。就在这时，我们听到琼“啊”的一声尖叫。当我们赶过去时，看到的一幕，令我和彤都惊呆了。

只见小强一只手拉扯着小公主的被子，一只手高高扬起，还好琼发现得及时，将小强的手抓住了。小强很气愤地喊道：“打，打，打！”

小强的过分行为，令彤很恼火，一把拉过小强，在小强的屁股上啪啪就是两下，小强哇哇地大哭起来，眼泪像断了线的珠子。“你怎么能打妹妹，你太不像话了。”

事后，彤和我说，小强从来不打人，不知道为什么这次会有这么过分的举动。我想小强的过分可能是源于妈妈的冷落，对小公主的忌妒。小强已经习惯了拥有妈妈的全部注意力，对于“小公主”的横刀夺爱，当然会气愤了。当妈妈把小公主抱在怀里时，小强会想：“那是我妈妈，不允许你接近。”

儿子的小小忌妒心

不要以为忌妒是成人才有的心理，实际上，连婴儿都有这样的心理。记得沛泽七八个月大的时候，也是不允许我和老公抱别的孩子的。他会用哭声来控诉，告诉我们，他有多委屈。再大一些的时候，一岁左右，每当我抱其他的小宝宝，他会使劲地抓小宝宝的腿，这些都说明孩子是有忌妒心理的。

起初，小宝宝的忌妒可能只局限于不能分享爸爸、妈妈，到了三四岁的时候，孩子所要忌妒的事情就多了。记得沛泽上幼儿园中班的时候，班上来了一个叫贝贝的小女孩，小女孩活泼可爱，聪明漂亮，老师很喜欢她，经常在班上表扬她。

自从贝贝小朋友到幼儿园之后，我就发现每次从幼儿园接沛泽回家，他都嘟着小嘴巴，很不高兴。我问他怎么了，沛泽生气地告诉我：“老师不喜欢我，就喜欢那个叫贝贝的小朋友，总是表扬她。”所以，他才会闷闷不乐。

不仅如此，沛泽也喜欢争强好胜，每每和小伙伴一起下跳棋时，只要自己输了，就会很不高兴，有时还没有下完一盘棋，只要看到自己要输了，就要求重来，如果对方不同意，他就会生气地推翻棋盘，弄得大家不欢而散。

看到沛泽小小的忌妒心在一天天地膨胀，我觉得有必要纠正他这个不好的行为了。一次，在沛泽因为画画没有其他小朋友画得好而生气时，我对他说：“宝贝，你的画虽然没有别人画得好，但是你的英语说得很好呀！”听到我这么说，沛泽脸上的失落立马一扫而光。见到小伙伴就夸自己的英语说得好，很是扬扬得意。

见儿子有些嚣张，我泼了他一盆冷水：“如果小朋友夸自己的画比你画得好，你会怎么样？”沛泽立马不高兴了，阴沉着脸，大声地朝我吼道：“我的英语说得最棒，最好，我是第一名！”

“儿子，每个人都有优点和缺点，你不能看到自己的缺点就生气，看到自己的优点就炫耀。你的画画得不好，这是事实，你应该承认。要努力练习，争取赶上小朋友，看到别人的画画得好，光生气是没有用的。”

“妈妈，我一定会画得很好的，不信你等着瞧！”沛泽很不服气地回答。接下来的一段时间，沛泽很认真地学习了画画。不久，他的画就有了很大的进步。于是，我告诉他：“如果你不如别人，就应该好好学习别人的优点，知道吗？”沛泽进步了，也不再忌妒其他的小朋友了，我高兴地点了点头。

排解宝宝的忌妒心

孩子有忌妒心并非一无是处，至少说明孩子是好强的，是有积极向上的奋发精神的，家长可以好好利用这一点。告诉宝宝：“别人比你强，光生气是没有用的，如果你希望得到老师的表扬，就要努力做得更好。”

当然，要排解宝宝的忌妒心，最好是增强宝宝的自信心。一个有自信的孩子是很少去忌妒别人的。要做到这一点，首先要让孩子看到自己身上的闪光点，看到自己与他人“与众不同”的地方。

此外，还要鼓励宝宝克服自己的不足之处，看清身上的缺点，努力弥补。这样孩子才会少一分忌妒，多一分自信。

延伸阅读：别让你的孩子缺乏安全感

孩子还不能对自我价值作出正确的评估，他对自己的认识更多的时候是来自成人对自己的评价。笑笑这次唱歌比赛又拿了第一名，妈妈自豪地夸奖女儿：“你的表现太棒了，真给妈妈长脸。”朋友也会投来羡慕的眼光。“笑笑你怎么这么棒啊！”

当夸奖总和“优秀”联系在一起时，孩子就会将自我价值建立在成功之上，他会认为只有表现得好，拿了第一名，才能得到大家的认可和赞美，而不是他本人让大家喜欢。有了这样的认识，当爸爸、妈妈夸奖别的小朋友时，孩子的内心就会因为缺乏安全感，体会到失落，从而产生忌妒心理。

每个孩子都有自身的价值，让孩子找到适合自己发展的位置，是最重要的。

妈妈，我不要你走

宝宝黏着妈妈是天经地义的事情，因为妈妈能够给他足够的安全感。

一转眼琼的小公主已经6个月大了，长得越发的可爱，讨人喜欢。上个周末，琼带着小公主来我家玩，我见到小公主喜欢得不得了，想上前抱一抱，可是小家伙儿却很不愿意，哭鼻子了。

“唉，这孩子真是太黏人了，一天到晚跟着我，连她爸爸抱她都哇哇大哭。”琼无奈地摇着头，“眼看着我的产假就要结束了，要是我上班了，这孩子该怎么办呀？”

“哪个孩子不黏妈妈呢？这是孩子心理正常发育的表现，现在你的小公主还不知道她和你是两个人，她以为你和她是共生的，分不清哪个是自己，哪个是妈妈，看到你离开了，小宝宝当然要哭了。”

“真的吗？那是不是说，宝宝长大一些，就会自然而然地不再黏我了呢？”听了我的解释，琼的脸上闪过一丝惊喜。“按理说是这样的，不过我建议你还是一点点让孩子适应你不在身边为好。”

听我这么一说，琼像泄了气的皮球，长长地叹了一口气：“路漫漫其修远兮，吾将上下而求索。”

“不用着急，你可以试着让别人来帮你带小公主，首先你可以让陌生人逐渐接触她，然后，过渡到由你在场，由别人照顾，再到你离开。”琼点了点头，决定试一试我的这个方法。

宝宝喜欢黏妈妈，是一件既让妈妈高兴，又令妈妈头痛的事情。高兴的是因为自己是宝宝最信任的人，头痛的是宝宝一天到晚缠着自己，真的很累人。不管怎样，在宝宝出生的最初几个月里，还是应该给予宝宝足够的满足和安全感，这是宝宝成人后能有足够安全感的基础，也是他能信任其他人的基础。

不爱去幼儿园的宝宝

说到宝宝喜欢黏人，不仅是在孩子小的时候，有时候孩子到了两三岁，甚至更大，也会出现黏人的情况。

为了让沛泽尽快适应幼儿园的生活，我在沛泽两岁左右就开始训练他的独立性。有时我会带他去姥姥家，让他自己住上一两天，也会经常带他去幼儿园玩，让他提前接触幼儿园的小朋友以及老师。

经过一段时间的训练之后，我完全有把握儿子能够适应幼儿园的环境后，就将他送进了幼儿园。这个过程顺利得让我有些意外。然而，沛泽在上了幼儿园两个月后，却出了状况，他开始抗拒去幼儿园，每次去幼儿园都会大哭大闹，到了幼儿园，抱着我的大腿不肯松手。

为什么会出现这样的状况呢？看到儿子不安、焦虑的样子，我想肯定是什么事情刺激到了他。经过与幼儿园园长的交谈，我得知沛泽班上原先的老师离职了，新来了一位老师，我想应该是儿子还不太熟悉这位老师吧。

“沛泽，你告诉妈妈为什么不喜欢去幼儿园呢？”一天早晨，儿子又在为去幼儿园的事情哭鼻子。“李老师走了，呜呜……”儿子伤心地大哭起来。

“现在的杨老师不好吗？”我接着问。“杨老师不喜欢我，也不表扬我。”看来是儿子的小小虚荣心在作怪。熟悉的李老师走了，又没得到杨老师的“关照”，小家伙儿有意见了。

“沛泽，我觉得杨老师更喜欢你，我想今天杨老师就会表扬你，你信吗？”听到我这么说，儿子立马不哭了，半信半疑地看着我：“不信，我们就去试试好不好？”

我将沛泽送到幼儿园之后，给杨老师打了一个电话，告诉了儿子的情况，并希望她能够关注一下儿子。晚上我去接儿子回家时，小家伙儿果然很高兴：“今天杨老师是不是表扬你了？”

“是的，杨老师说我是爱讲卫生的宝宝。”沛泽高兴地走在我的前面，又蹦又跳，快乐得像只小鸟。

由此可见，幼儿黏妈妈的情况可以出现在任何时候。当宝宝遇到突发事情，比如意外受伤，受到惊吓，或者在幼儿园有了不愉快的体验，都会出现黏妈妈的情况。人们感受最深的就是孩子在病好之后，黏妈妈的情况最为明显。

这是因为孩子感到了不安。和妈妈在一起，能够给他安全感。所以，他要寸步不离地让妈妈陪在身边。针对这种情况，只有消除了使孩子不安的因素，才能让孩子“独立”起来，不再黏人。

当然，在这个过程中，妈妈要给予孩子足够的关照，将孩子抱在怀里，给他讲故事听，或者跟他一起做游戏，都能让他感受到妈妈的力量。

宝宝“独立”的技巧

每个宝宝都会经过黏人这个过程，如果宝宝到了两三岁，还是这样，就应该想办法调整，让宝宝尽早地“独立”。

首先，要为宝宝多创造一些交往和沟通的机会。现在独生子女每天都围着爸爸、妈妈、爷爷、奶奶转，受到家人的百般呵护，这势必会减少孩子与外界之间的联系，减少与其他小伙伴在一起的机会。当有一天，孩子走出家门，需要与别人交往时，就会非常胆怯，缺乏自信。一旦受挫，就会回来黏着大人。因此，家人应该带着孩子多出去走走，多参加一些聚会，多串串门，这对孩子尽早地“独立”是有帮助的。

其次，让宝宝广交朋友。很多家长都希望自己的孩子能够和同龄人一起玩，担心与大孩子玩，宝宝会被欺负，受到伤害。殊不知，和大孩子一起玩，可以帮助宝宝建立游戏规则，让宝宝学会遵守规则；和小孩子一起玩，则会培养孩子的同情心，学会照顾别人。

至于孩子之间的矛盾、摩擦，最好由他们自己去解决，如果实在不行，大人可以给孩子们提一些好的建议，但不能唱主角。

延伸阅读：在孩子小的时候，妈妈多陪陪孩子

由于工作忙、生活压力大，很多年轻的父母不得不在孩子两三个月的时候，就选择上班，这也是导致孩子焦虑

的一个重要原因。

据说，婴儿在出生后，当他能够看到事物，并将声音和人配对的时候，首先找到的就是妈妈，然后在妈妈的照顾过程中，将妈妈看成是自己生活的一部分，没有妈妈就会感到恐慌。

然而，当妈妈上班之后，宝宝总会在一个时间段看不到妈妈，宝宝就会感到非常焦虑。他不知道妈妈为什么会突然不见了，这种焦虑、恐慌会遗留在儿童的心灵深处，对孩子的一生都可能产生深远影响。

妈妈，请原谅我的撕书行为

孩子撕书是手指灵活的表现，要想让孩子从撕书到爱上书，就要让孩子对书中的“故事”产生浓厚的兴趣。

周末去公司加班，还没进办公室，就听到一阵嘈杂声，并伴着孩子的哭声。“李阿姨，你上班怎么能把孙子带过来呀？你看看他把办公室搞成了什么样子？”同事小王怒气冲冲地责备着李阿姨。

“对不起，都是我不好，我儿媳妇今天有事，我就把孩子带过来了，不承想……”保洁员李阿姨不停地道歉，只见办公室的地上有很多碎纸屑，每个人的办公桌上都有一两本书被撕破。在李阿姨的身后躲着一个看似两岁的小男孩，委屈地哭泣着。

“你看你给我惹了多大的麻烦，真是不叫人省心。”李阿姨憋了一肚子的火无处发，只得训斥自己的孙子。看到这里，我全明白了，原来是这个小家伙儿捣蛋，将办公室搞得一团糟。

“你这孩子怎么回事，都赶上碎纸机了，见什么撕什么。”李阿姨喋喋不休地抱怨着。小男孩手里还拿着一张已经撕了一半的纸，李阿姨生气地从孙子手中将纸张夺走，小男孩哇哇地大叫：“给我，给我！”

“真没见过这么讨厌的孩子！”小王训斥小男孩道。“别这么说，你还没当妈妈，当然不了解小孩。”小王见我给小男孩说情，很不高兴。“难道我还要表扬他？”

其实，很多人都会有小王这样的看法，认为孩子调皮，才撕书，这还真冤枉了他。小孩哪里知道书是用来看的？在他看来，书就是一件玩具，就像变形金刚一样。再说了，小孩的手也没我们大人的灵活，他是不会一页一页地翻书的，弄不好就把书撕破了。

当父母发现孩子有撕书的行为时，应该抓住这个机会，让孩子认识到“书中自有黄金屋”，培养孩子良好的阅读习惯。

从撕书到爱书

在孩子的成长过程中，几乎每个孩子都会撕书，把家里弄得“满屋飘絮”，他却乐此不疲，令大人丝毫没有办法。在沛泽 10 个月大的时候，他就对撕东西产生了极大的兴趣，然后丢得到处都是，我总是不耐其烦地在他身后收拾。可是，我却发现，越是这样，小家伙儿越对这个游戏情有独钟，一边撕还一边咯咯地笑，难道是我的行为助长了他的嚣张气焰？

原来，小家伙儿是把撕东西看成一种游戏，看到我不停地收拾，更是让他对这个游戏产生了浓厚的兴趣，于是，我干脆给他找来一些旧报纸，让他一次撕个痛快。在他撕的过程中，我就站在一旁看着他，不再收拾。慢慢地，小家伙儿觉得不好玩了，撕纸的行为也有所改善。

沛泽一周的时候，我给他买了几本图画书，让他认识水果、蔬菜，还有常见的小动物。我本以为度过了撕纸的危险期，不承想，小家伙儿又开始卷土重来，把我买的图画书，都撕成一页一页的，还不停地用手去抓。

经过一段时间的观察，我发现这次的撕书行为与上次的动机是不同的，他是因为喜欢书中的图画，想把里面的东西拿出来，才撕的。他以为这样就可以得到里面的东西。那么，有什么办法让孩子停止撕书的行为呢？朋友建议我，给宝宝买撕不烂的书，可是撕不烂的书价格贵不说，所选择的内容也有限，种类太少，也约束了孩子对知识的需求。于是，我决定另辟蹊径。

既然孩子对书中的内容这么感兴趣，何不给他讲一讲书中的故事呢？让书成为孩子的一种有趣的游戏。我抱着试试看的想法，拿起书，给沛泽讲起来："这是小猫，英文Cat，小猫有两只小小的耳朵，这是小猫的嘴巴，还有胡须……"这个效果出奇地好，沛泽竟然乖乖地坐在那里，听我讲，并时不时地自言自语，还会用手指指点点，像是在与我交流。

等沛泽再大一些的时候，我会拿着画册和他做游戏。"告诉妈妈，小狗藏在哪里？"沛泽会拿起书翻找，找到小狗后，他就会咯咯地笑起来。"这里，这里。"用小手指给我看。

随着孩子慢慢长大，我不停地变换着游戏，一本书能够演变很多花样。比如找小动物，看图讲故事等，将孩子的注意力从书本本身转移到书的内容，是纠正孩子撕书的一个不错的方法，有兴趣的家长朋友可以试一试。在做游戏的过程中，不仅让孩子体会到了快乐，更重要的是培养了孩子的阅读习惯。

纠正孩子撕书重在引导

孩子撕书的现象在很多孩子身上都发生过，这是一个非常有趣的现象，也是值得父母注意的一个普遍现象。它只存在于孩子发育的某一段时间，特别是1—2岁的阶段，过了这个阶段，情况就会有好转，一般会自己纠正，父母不必过于担心。

对于宝宝的撕书行为，父母切不可大呼小叫，这只会让孩子对这个坏游戏情有独钟，既然孩子喜欢游戏，不如让孩子在游戏中纠正这个毛病，多给孩子讲一讲书里的故事，当他发现书里的“内容”比撕书更好玩时，自然就不会再撕了。

可能有些家长为了防止孩子撕书会把书都收起来，让宝宝摸不到，这样做是得不偿失的，会让孩子对书本文字失去兴趣，不利于将来学习兴趣的培养。

延伸阅读：聪明妈妈的撕纸游戏

我曾经见过一位妈妈，她不仅不制止孩子撕纸，而且还会积极地参与其中。她会找来很多旧报纸，然后坐在地板上，与孩子一起撕。不过，不是简单地把纸撕开就可以了，她会让孩子把纸撕成各种各样的形状，之后，让孩子把撕下的各种形状的纸片粘贴作画，并涂上漂亮的颜色，这对发挥孩子的想象力有很大帮助，建议大家不妨试一试。

你知道吗？我丢东西是在学习

不要认为宝宝丢东西就是调皮捣蛋的行为，也许他是在探索世界，抑或是想让你知道他需要你的关注。

前天加班，我开车把小张送回了家，小张非要拉我去楼上坐坐。经不住热情的邀请，我只得恭敬不如从命。进小张的家门一看，屋里别有一番景象。各种各样的玩具横七竖八地躺在地上，不小心就会绊人一个跟头，房间里还传来小张儿子得意的笑声。“牛牛，听话，别丢了，别丢了！”小阿姨不停地“求饶”。

只见牛牛一本正经地靠在高脚椅的椅背上往地上扔饼干，眼看着一包饼干都快丢完了，小阿姨不停地捡，牛牛不停地丢，他好像非常喜欢这个游戏。小张见状，也赶紧走过去制止孩子的胡闹行为：“牛牛，你再丢，妈妈要打你的屁股了。”小家伙儿才懒得理妈妈，干脆把一整包饼干丢了下去。

小张无可奈何地摇摇头，蹲下身子来捡地上的东西。牛牛见妈妈捡东西，立马要小阿姨将他从椅子上抱下来，来抢夺妈妈手里的东西，然后重重地摔在地上。

“算了，你不要捡了，不然牛牛丢得会更厉害。”小张索性不再捡地上的玩具，小家伙儿见妈妈不捡了，也觉得没有兴趣了，到一边去玩耍。“我不明白牛牛为什么这么喜欢丢东西，似乎不把房间弄得一团糟就不罢休。”

牛牛丢东西的行为并不是个案，很多孩子都会有这样的行为。孩子在一岁之后，就开始用尝试的方法来探索环境，而丢掷东西就成了他探索外在的绝佳方式。当他把东西丢在地上时，他会思考为什么不同的东西会发出不同的声音呢？于是，他会不停地丢，试图找出其中的关系，而且在这一过程中，加强了手、脚协调的能力。

宝宝丢东西的真相

通常情况下，宝宝丢东西是为了探索世界，可以说是他学习的一种方式，不过，有时候却是孩子的捣蛋行为哦。

沛泽在一岁左右，就开始丢东西了。无论是什么东西，玩具也好，枕头也好，抑或是食物，只要是能拿到的东西，他会统统地丢在地上。我是一个爱干净的人，房间被他弄得一团糟实在看不下去，就经常跟在他的屁股后面收拾，可是越是这样，情况越糟糕。

直到最后，我的洁癖终于被他“治”好了，眼睁睁地看着他在房间里胡作非为，我却拿他没有办法。我从育儿书中了解到，这是孩子探索世界的一种方式，于是，干脆让他丢个够，不去管他。只有每天晚上在他睡着了之后，我才去收拾房间，第二天，又会面目全非。

这种情况大概持续了半年之久，沛泽乱丢东西的毛病逐渐有了改善，而且还会学着我的样子，有模有样地把东西都捡回到玩具箱里，我以为痛苦的经历即将结束，不承想，这只是我的一厢情愿而已。

一天，老公的同事来家里做客，吃过饭后，我们坐在沙发上聊天。沛泽本来很听话地坐在地板上玩自己的玩具。过了一会儿，沛泽突然发飙，将玩具丢得到处都是，而且每次都是重重地将玩具丢在地上，似乎不闹出点动静，他心情就不爽。

“沛泽，你太过分了，叔叔在这里，你这样做很没有礼貌，知不知道?”对于我的训斥，沛泽充耳不闻，反而更加肆无忌惮，甚至将一件玩具直接丢到了老公同事的身上。我对沛泽的这个行为实在有些忍无可忍了，就在我准备将他带离房间时，老公的同事说话了。

“沛泽，过来和叔叔玩。”沛泽高兴地跑了过去，和老公的同事一起摆弄起玩具，不再乱丢东西，非常乖。我对儿子的表现感到有些惊讶，老公的同事却不慌不忙地说：“小家伙儿是因为我们没有注意到他生气了，他是为了吸引我们的注意力，才不停地丢东西的。”

老公同事的话令我如梦初醒，原来沛泽还是个不甘寂寞的小家伙儿呀。了解了沛泽的想法，每每家里来客人的时候，我都会注意他的行为，发现他的情绪有些不对头时，我就会鼓励他说：“沛泽真乖，知道家里来客人了，不吵也不闹。”

我这样做一是让儿子知道我在关注他，二是逐渐让他养成遵守规矩的习惯，让他知道家里来了客人，应该保持安静，不能大吵大闹，更不能丢东西，这样做的效果很好。

不要太在意宝宝乱丢东西的行为

细心的妈妈会发现，当孩子丢东西时，你越是急着帮他捡起来，他越是丢得厉害。成人的这个行为，会让孩子觉得扔东西这是大人在意的事情，于是便会变本加厉。因此，面对这类问题时，不妨不去制止他，而是告诉他，哪些东西是可以丢的，哪些东西是不可以丢的。

对于宝宝丢东西吸引人们注意力的行为，父母要及时给予关注。让宝宝知道你在关注他，你很在意他，他自然就不会用这种破坏性的方式来吸引你的注意力了。

延伸阅读：宝宝乱丢东西有可能是发育迟缓或者心智问题

并不是所有的丢东西的行为都是宝宝成长发育的一个必经阶段，有时候孩子乱丢东西的行为也有可能是因为发育迟缓或者心智问题，比如自闭症患儿。一般幼儿丢东西的年龄多发生在一到两岁，自闭症的孩子会在三四岁，甚至更大的年龄还会继续这种行为。

不仅如此，孩子的语言发展也比较迟缓，很难表达自己的需求和想法，也会因为自己无法表达而不能让别人明白自己的意图而大发脾气，乱丢东西就是其中的一个表现。家长朋友们应该引起注意，有必要带孩子去找专业的医生作出诊断。

别笑我，我就是喜欢抓小鸡鸡

男孩抓小鸡鸡并不是必然，是后天不良习惯的结果。

小区的花园里，婆媳二人带着一个两岁左右的男孩在散步，小男孩一边走一边不停地抓“小鸡鸡”，男孩的这个怪异的行为被妈妈发现了，妈妈奇怪地看了看儿子，发现儿子的这个不文明行为之后，立马制止：“小军，不能做这个动作，羞死人了。”站在一旁的婆婆却咯咯地笑了起来。

小男孩哪里知道害羞是什么意思，他只知道这个行为会让妈妈皱起眉头、奶奶咯咯地笑，太好玩了，便更加肆无忌惮了。不得已，妈妈只能抓住小男孩的手。妈妈的这个行为被一旁的婆婆看到了，有些不高兴了：“孩子还小，哪里知道什么是害羞，大了自然就不抓了，你干吗非要这么大惊小怪地把孩子弄哭不可呢?”

“妈，您怎么能支持孩子这样做呢？这可是……”年轻的女子涨红了脸，似乎有些难以启齿，但看到婆婆态度坚决，还是小声地说：“这可是手淫。”“哪有那么严重，是你思想太复杂了，我孙子才一岁十个月，他懂什么!”听到婆婆的话，年轻的女子脸涨得更红了，也更加生气。

小男孩老摸自己的小鸡鸡是一种很常见的行为。孩子在几个月大的时候，他会通过手来探索自己的身体，摸小鸡鸡的行为就像孩子会把手指塞进嘴巴里，会搬起自己的脚丫一样，当然不知道这是什么行为。

有些一岁的宝宝依然会有摸小鸡鸡的行为，这也是一种好奇、探索行为，并不能把它等同于青春期的手淫，此时孩子还没有性意识。不过，由于小鸡鸡部位比较敏感，摸起来会产生快感，所以一旦开始摸了，就会老想去摸。家长朋友们还是应该想办法纠正孩子的这个不良行为。

把玩小鸡鸡的烦恼

其实，我也曾经和这位妈妈一样，因为孩子喜欢抓小鸡鸡苦恼过。记得那时沛泽才七八个月大，时不时地就会把玩小鸡鸡，而且会持续一段时间。因为沛泽 6 个月大的时候，我曾把他送到妈妈那里一个月，在这之前，虽然也有过玩小鸡鸡的行为，但只是偶尔的行为。为什么孩子会突然对小鸡鸡这么感兴趣呢？

一次，我带宝宝回娘家，发现家里人都对沛泽的小鸡鸡很感“兴趣”，每次沛泽玩小鸡鸡，爸爸、妈妈都会哈哈大笑，每每这样，沛泽玩得更欢了，因为他从大人那里得到了鼓舞，在他看来，姥姥、姥爷是喜欢我这个行为的。

“爸、妈，你们还笑呢？你看沛泽更起劲了。”我有些不高兴。妈妈解释说：“没事的，哪个男孩不都这样被人取笑过吗？大了，自然就不这样了。”我将信将疑，然而，接下来发生的一件事，却让我有些措手不及。

一天夜里，沛泽大哭起来，两只手不停地用力抓小鸡鸡，我赶紧起床，打开灯一看，沛泽的小鸡鸡都红了，而且龟头那里肿了一个包，我立马带孩子去了医院。医生说是龟头炎，因为平时不注意卫生的结果，并且告诉我，如果孩子抓小鸡鸡的行为得不到纠正，对孩子的成长是非常不利的。

经历了这件事，我痛下决心，一定要让儿子改掉这个坏毛病。好奇是孩子的天性，大人越是不让他干的事情，他越会变本加厉。于是，我干脆对他采取“放任”的态度。看到他抓小鸡鸡，我不会大声地呵斥他，要他住手，而是递给他一件玩具，把他的手占住了，就没有机会玩小鸡鸡了。一件玩具不行，就拿两件玩具，总之，我会想尽办法，甚至做出很多怪异的动作吸引儿子注意。

慢慢地，儿子抓小鸡鸡的行为有所减少，但是闲下来，无事可做的时候，或者无意中看到小鸡鸡，他还是忍不住去摸。不得已，我只得给孩子换掉开裆裤，俗话说，眼不见心不烦嘛！没有了视觉刺激，再加上我的引导，沛泽抓小鸡鸡的行为终于戒掉了，我也松了一口气。

在这里，我还要提醒年轻的妈妈，如果宝宝的小鸡鸡轻微发炎，可以用40摄氏度左右的水浸泡食用盐，进行清洗，一天两次，一般两三天就可以好。如果严重，影响了排尿，就要去看医生了，须适当服药或注射。

纠正孩子抓小鸡鸡的妙招

孩子抓小鸡鸡是一个不好的行为，纠正这一行为，家里人首先不要以孩子抓小鸡鸡为乐。

其次，当孩子抓小鸡鸡时，尽量想办法转移孩子的注意力，让他手拿着一件玩具，或者给他一块饼干，手被占住了，自然就没有精力去关注小鸡鸡了。

最后，给孩子换掉开裆裤，这样就减少了孩子把玩小鸡鸡的机会。

经过一段时间的纠正，小孩很快就会忘记这个不好的游戏了。

延伸阅读：男孩抓小鸡鸡没有必然性

很多老人都认为婴幼儿男性抚弄生殖器是一种必然，其实，这只是一种养成性的模仿行为，是不良的养育环境造成的。就像有的孩子在看到母亲因生病咳嗽时，孩子也会有模有样地咳嗽。

孩子在形成自主意识以前，基本上都是在模仿周围人的言行举止，尤其是爸爸、妈妈。爸爸、妈妈的言行对孩子有着深远的影响，是孩子重要的“模仿源”。因此，健康有益的生活习惯、言行举止、活动游戏等，是育儿的父母必须要做到的，这也是彻底根除男孩抓小鸡鸡行为的关键。

妈妈，我不走路，要你抱嘛

孩子学会了走路，依然让父母抱，既是一种撒娇行为，也是一种行为的倒退，父母应该给予及时的纠正。

周末，陪好友君逛街，在商场遇到一对母子，男孩看起来有两岁左右，抱着妈妈的大腿哇哇地大哭。妈妈生气地责备男孩："这么大了，怎么还让妈妈抱，你看妈妈手里拎着这么多东西，怎么抱你呀？"只见男孩妈妈的左手和右手上都拎着很多东西，实在没有能力再抱儿子了。

"妈妈抱我，抱我。"小男孩不顾妈妈的感受，依然不停地哭喊。小男孩的妈妈一气之下，没理会儿子，径直朝前走去，小男孩立即跑过去，抓住妈妈的大腿不放手。"妈妈抱我，抱我。"

"现在的孩子都这么娇气，会走路了还要人抱，要是我有了孩子，肯定不能让他这么娇气。"好友君一副站着说话不腰疼的架势。"算了吧，到时候，你家宝宝说不定比这还厉害呢！"君撇了撇嘴。

我看小男孩哭得实在伤心，男孩的妈妈又无能为力，我便上前去帮忙。"我来帮你提东西，你来抱孩子吧，他哭得太伤心了。"男孩的妈妈摇摇头，感激地接受了我的建议。我一直送母子俩到地下车库，小男孩上了车，才松开妈妈的脖子。

似乎每个孩子在学会走路之后，都要有这样一个倒退的过程。在刚刚学会走路的时候，小家伙儿不肯拉着爸爸、妈妈的手，喜欢一个人走，似乎对自己掌握了这项新技能很兴奋。

但同时小家伙儿也会感到一丝失落和苦恼：我不能像以前一样让妈妈抱着我了。于是，小家伙儿在学会走路几个月后，与父母分离的恐惧越来越深了，所以不会像以前那样乐于走路了，动不动就张开双手，喊妈妈抱。

巧治懒宝宝

沛泽一岁的时候就学会了走路。自从学会了走路之后，小家伙儿俨然成了“小土匪”，四处乱翻，把家里搞得一团糟。但是到了宝宝一岁半，已经走得很稳的时候，小家伙儿突然犯懒了，每次带他出门，他都伸开双手，喊着：“抱抱，要抱抱。”如果我们不去抱他，他就会“生气”地坐在地上，或者哭闹，或者在地上爬。

孩子怎么会突然间变成这个样子呢？我对小家伙儿的表现很纳闷，细细想来，我终于找到了答案。一次，沛泽在和其他小朋友玩时，被一个比他大的男孩推了一个跟头，头上摔了一个包。从这以后，小家伙儿就变得“谨慎”了，原来他是害怕再受伤。他觉得由父母抱着安全，或者坐在地上、在地上爬都是很不错的选择。

不过，我可不会让他这样懒下去，每次带他出去的时候，我都会想方设法地让他勤快起来。喜欢游戏是孩子的天性，每次沛泽张开双手要我抱时，我都用游戏作为诱饵，“沛泽，我们来比赛，看谁跑得快，好不好？”我做出准备跑的姿势，让沛泽在后面追我。每次我都和他保持一定距离，在他准备追上我的时候，快跑上几步。于是，沛泽就乐此不疲地跟在我的身后。

当然，游戏也不能太单一，如果你总是用比赛跑来作诱饵，“鱼儿”就不会上钩喽。有时我会和宝宝玩青蛙跳，或者是蝴蝶飞。“我是一只美丽的蝴蝶，飞呀飞……”小家伙儿很容易上当，在这一跑一跳中，忘记了要妈妈抱。

其实，只要用心，随处都可以发现孩子感兴趣的东西。比如，观察地上的小蚂蚁：“宝宝，你快来看，这里有很多辛勤的小蚂蚁，它们是不是往家里搬食物呢?”这不仅培养了孩子的观察能力，而且也转移了孩子的注意力。

当然，你也可以利用生活中的一些小事来教育孩子。“你看小蚂蚁虽然小，但是它们很勤劳，可以搬动比自己身体重好多的东西呢，我们是不是也应该向小蚂蚁学习呢?”这样生动形象的教育方法，往往比简单的说教更有效。

在宝宝有了进步时，一定要记得鼓励他，让宝宝知道被表扬是很愉快的。每次沛泽有了进步，我都会为他鼓掌：“沛泽，你真棒，是一个勤劳的小孩，不需要妈妈抱了，真乖。”我的微笑与掌声让宝宝感到愉悦，他记住了这种愉悦的感受，下次就不会再要求我抱他了，因为他记得被表扬的感觉。

在游戏中改变孩子懒惰的习惯

如果你家的宝宝很懒，每次出去的时候都吵着要你抱，你不妨试试下面的方法，对改变宝宝的不良行为是很有帮助的。

1. 激发宝宝的兴趣

每当宝宝想要你抱时，你可以用地上的小蚂蚁、树上的小鸟、天上的一片云彩，来吸引宝宝的注意力，激发他的探索兴趣，当他把注意力转移到自己感兴趣的事情后，自然就不会要你抱了。

2. 利用游戏解围

游戏是孩子的天性，要改变宝宝要人抱的坏习惯，游戏是最好的诱饵。和他比赛跑，学蛙跳，或者蝴蝶飞，孩子在这些游戏中，会很快忘记自己的不合理要求。

3. 多鼓励、表扬宝宝

有了进步就应该鼓励、表扬宝宝，这是放之四海而皆准的育儿道理，不信，试试吧，效果还是不错的。

延伸阅读：让冲突变为轻松的游戏

很多时候，当孩子因为父母没有抱他，而大发脾气时，父母也常常会因为孩子的“过分”举动，情绪不能自已，与孩子对抗起来。这样做的结果却是让孩子越来越离不开父母。因为有时候孩子是因为缺乏安全感，才让爸爸、妈妈抱的。

比如，当他摔了一个跟头之后，他害怕了，想从父母那里得到安全感。所以，无论什么时候，父母都不能对孩子发脾气，这解决不了任何问题。最好的方法是让冲突变为轻松的游戏。

咦？这里怎么有一个和我一模一样的宝宝

自我意识的萌发是从照镜子开始的，好好利用镜子，它不仅是孩子的一件玩具，更是教育孩子的一个很好的工具。

最近琼很苦恼，她说小公主喜欢上了照镜子，每天都要吵闹着去镜子前玩好大一会儿，嘴巴里还咿咿呀呀地像是在和镜子里的“宝宝”交流，还会用手去摸镜子里的“宝宝”，高兴的时候，会拍得镜子啪啪作响。

起初，琼并没有觉得小公主的这个行为有什么不好。都说爱美之心人皆有之，何况是漂亮的小公主呢。但是自从婆婆来了之后，就不再准许琼抱着孩子去照镜子了。“这么小的孩子怎么能照镜子呢，会把小孩子的魂魄吓跑了。”

琼觉得这个说法很可笑，认为这是封建迷信的说法。一次偶然的机会，当她在育儿群里和年轻妈妈谈到这个问题时，有人告诉她，经常让孩子照镜子，孩子会发呆的，对孩子的成长不好。

这下琼有些犯难了，到底该不该让孩子照镜子呢？小公主已经有两天没照镜子了，情绪非常低落，所以，琼给我打来电话，要我为她指点迷津。

其实，孩子照镜子会发呆这种说法是没有科学依据的。孩子在最初照镜子时，会把镜子里的自己当成是另外一个小朋友，但是他不会一直这样糊涂。慢慢地，孩子就知道那是自己了。

不仅如此，照镜子是教会孩子认识自己的一个很好的方法。因为孩子的思维是直观、形象的，照镜子可以使他直接地看见自己的形象和举动。妈妈抱着孩子照镜子，他虽然不认识镜子中的自己，却认识镜子中的妈妈，在妈妈的耐心引导下，就会逐渐明白原来镜子中的“小朋友”就是自己。

镜子教育法

几乎每个孩子小时候都和镜子里的“自己”做过朋友，儿子沛泽也是如此。在他很小的时候，他就喜欢和镜子里的“小朋友”做游戏，朝镜子挥挥手，笑一笑，或者摇摇头，摸一摸。

沛泽一岁半的时候，就表现得非常叛逆了，什么事情稍不顺从他，他就会哭闹，无论怎么哄都哄不好，除非我们妥协。后来，我想到了照镜子的方法。每次儿子哭闹的时候，我就把他抱到镜子跟前：“沛泽，你看镜子里的小孩是谁呀？好丑呀，他在哭鼻子，还流鼻涕了，妈妈可不喜欢这样的宝宝。”

那时沛泽已经清楚地知道镜子里的“小朋友”就是自己，我这样说，他会立马停止哭声。“沛泽，你是不是也觉得那个宝宝很丑啊？”沛泽“不好意思”地扭过头去，有时还会用手捂住自己的眼睛，很害羞的样子。

通过照镜子的方法，我教会了儿子平时要注意自己的文明仪表，让他知道我不喜欢什么，什么是丑的，渐渐地，儿子的脾气也有所收敛。

还有一次，在沛泽上幼儿园中班的时候，因为拉肚子弄脏了裤子，班上的小朋友都笑话他，沛泽很伤心。从这之后，小家伙儿变得沉默寡言了，回到家里也很少说话，幼儿园的老师向我反映，沛泽在幼儿园非常抗拒集体活动。

“沛泽，你能告诉妈妈，你为什么不再喜欢和小朋友玩了吗？”我轻轻地问儿子。儿子嘟着嘴巴，沉默了一会儿，眼泪流了下来：“妈妈，我是不是很笨？”原来小家伙儿的自信心受到了打击。他害怕自己再做错事，被别人取笑。

“沛泽，别人对你的评价不一定是正确的，你应该正确地认识自己……”可是任凭我怎么解释，小家伙儿一直都在不停地掉眼泪。对于一个四五岁的孩子来说，我这样的解释确实有些深奥。

后来我想了一个很好的办法，带着儿子去少年宫玩哈哈镜，小家伙儿玩得很开心。回来的路上，我问儿子：“沛泽，哪面镜子里的人最像你呀？”“哪一个都不像。”儿子不假思索地回答。

当我问到“你应该是什么样”的时候，沛泽很自信地回答：“我就是我自己，我就是我自己这个样子。”

听到儿子这样回答，我很高兴，继而又问：“如果再有小朋友笑话你，你还会哭鼻子吗？”沛泽摇了摇头。“为什么呢？”我穷追不舍，沛泽想了想：“因为他们看到的是哈哈镜里面的我。”我很满意儿子的回答，我又看到了快乐的儿子，真的很欣慰。

照镜子训练宝宝的社交能力

照镜子是孩子的一个很好玩、很有意思的游戏。当宝宝小的时候，对着镜子中的“小伙伴”作出亲昵、友爱的反应，实际上就是宝宝对他人、对周围环境信任感和安全感的体现，不仅有利于培养孩子的社会亲和性，还能丰富宝宝的视觉体验。

在宝宝几个月大的时候，可以将镜子挂在距离宝宝眼睛15厘米左右处，以宝宝可以平视为宜，不能太远、太近或太高、太低。等宝宝头颈完全竖起来之后，就可以抱着宝宝去照镜子了，拉着他的手让他去触摸镜子中的宝宝，或者亲亲镜子中的宝宝。

学龄前的孩子处于自我意识萌芽阶段，最容易受到他人评价的影响，家长也可以利用镜子指导宝宝认识真实的自己，不被别人的言语所左右。

延伸阅读：孩子认识自己从照镜子开始

人类的自我意识是从什么时候开始出现的呢？心理学家曾做了这样一个实验：在婴儿熟睡的时候，往婴儿的鼻子上涂抹一些胭脂，婴儿醒来之后，带孩子去照镜子，结果发现：有些15个月大的婴儿会摸抹了胭脂的鼻子，但大部分婴儿要在21个月以后才出现这种行为。

根据这个实验，美国社会心理学家库利提出了“镜像自我”理论。他认为每个人对自己的意识是在与他人交往过程中，根据他人对自己的看法和评价发展起来的，这个过程在人的一生中一直进行着。也就是说，婴儿是从镜子中看到的那个样子形成了自我。

我喜欢到处溜达溜达

一天到晚，宝宝都喜欢到处溜达，像屁股长了钉子似的，坐立不安。这是因为小孩子的注意力仅仅维持在几分钟而已。

时间过得真快，琼的小公主马上就要一岁了。周末的一天，我买了一个可爱的洋娃娃送给了小公主，小公主高兴地拍着手。“家里的玩具都快堆成小山了，可是没有一件是小公主喜欢的。”琼指了指丢在角落里的玩具箱说。

果不其然，没过一会儿，小公主就把洋娃娃丢在了地上，然后爬到电脑桌旁，拉开抽屉，把抽屉里的东西全部翻了出来，丢在地上。不大一会儿工夫，客厅就被小公主弄得乱七八糟的了。

“你看看，她就是这个样子，似乎没有一件玩具能够让她长久地保持浓厚的兴趣，她就是喜欢这里爬一爬，那里走一走，越是你不让她去的地方，她越是要去。”

就在我和琼说话的工夫，小公主爬到了电视柜旁，试图用手去扒插座，好在琼眼疾手快，把她拉了回来。“宝宝，你的屁股是不是长了钉子，怎么就坐不住呢？就不能乖乖地坐着玩上一会儿玩具吗？”琼看着活力十足的女儿，无可奈何。“你说这孩子是不是多动症啊？”琼突然担心起来，神色紧张地问我。

其实，很多家长都有过和琼一样的烦恼，甚至也会怀疑孩子精力过盛是多动症的表现。其实这种担心是多余的。孩子在两岁之前的年龄段，多数宝宝对事情的有意注意仅仅能维持短短的几分钟而已。随着宝宝有意注意的时间不断延长，他们对事物专心的能力就会不断发展，那时候小家伙儿就能安安静静地坐上一会儿，或者专心地玩一会儿玩具了。

毛头小子改造记

我儿子小的时候，也很淘气，精力十分旺盛，一天到晚不停地四处走，抽屉、衣柜、鞋柜，只要能够到的地方，只要能拿到的东西，统统都要鼓捣一遍。孩子好玩是天性，起初，我以为是孩子玩具太少了，不能吸引他的注意力。

于是，我隔一段时间就会给他买一些玩具回来。即便如此，沛泽还是无法安定下来。玩具的增多，反倒给我增添了收拾的烦恼。不仅如此，沛泽似乎对哪一件玩具都不是那么感兴趣，常常是捡起这件，放下那件。

该怎么办？一天，我家的抽屉被沛泽弄坏了，老公拿来螺丝刀修理。沛泽看到爸爸拿着螺丝刀拧螺丝，立马跑了过来，要从爸爸的手里抢走螺丝刀。我和老公跟在他的身后，看着他。只见他学着老公的样子，去拧门上的螺丝，然后又拧了拧茶几上的螺丝，俨然一位修理的行家。

除了爱玩螺丝刀，小家伙儿还喜欢用钥匙四处捅一捅，经常拿一把钥匙在每个房间的钥匙孔上都捅一遍，看来，小家伙儿对修理感兴趣。我就给他买了一大堆“工具”回来，里面有锯、螺丝刀、锉、老虎钳、水平尺，还有螺丝钉，小家伙儿看到这些玩具，乐不思蜀，整天用这些玩具修理来修理去，也不像以前那样坐立不安了。

看小家伙儿这么喜欢这些玩具，我就把这些玩具放在他最容易拿到的地方，那些不经常玩的玩具，就装在了一个大大的纸箱子里，这样他就可以少给我制造麻烦，我打扫房间也会很轻松了。

一天，沛泽在“翻找”东西时，偶然发现我藏起的大纸箱，他如获至宝，把以前的玩具拿出来，玩得不亦乐乎，就像是我刚刚给他买回来的新玩具。这件事之后，我也总结出一个经验，那就是玩具不能贪多，小孩子的注意力很难集中，太多了，会让孩子无所适从，不妨适时地给他收起一部分，过段时间再拿出来。

到沛泽 3 岁的时候，我就有意培养孩子的有意注意力，我觉得这对孩子将来读书是很有好处的。一天到晚屁股像长了钉子似的、坐立不安的孩子，是不会坐下来踏踏实实读书的。为此，我自己首先要改头换面，一改风风火火的作风，工作之余，和沛泽一起读书，认识卡片上的小动物、水果、蔬菜，教宝宝认识简单的汉字，这是一个需要很大耐性的工作，因为沛泽常常看不了一会儿，就会把书扔到一旁，但我还是坚持着。慢慢地，小家伙儿消停多了，不再是个毛头小子了。

培养孩子的注意力

虽说孩子坐立不安是注意力时间短的原因造成的，但是爸爸、妈妈对宝宝那使不完的劲儿以及对玩具的“熟视无睹”，是不能放任自流的，尤其是三四岁的宝宝，不然将来宝宝读书就会遇到困难，那么，该如何培养孩子的注意力呢?

兴趣是最好的老师。在我看来，宝宝虽然很调皮，很难安静下来，但是他还是有自己喜欢的活动，只是家长没有发现而已。沛泽在一岁零三个月的时候，一次和我剥小豌豆，足足剥了20分钟，对于这么大的孩子来说，这已经是很不简单的了，所以，家长要善于发现孩子感兴趣的东西，这是引导孩子集中注意力的好方法。

还有一个方法，就是在玩具上“动点小手脚”。每个星期都将一部分玩具藏起来，过段时间再拿出来，这样也会让宝宝对玩具保持浓厚的兴趣。当然，与孩子一起阅读是最佳的训练有意注意力的方法，只不过开始的时候有些困难，坚持下来，就一定会有效果。

延伸阅读：培养孩子注意力的游戏

对于幼儿来说，游戏是最好的学习方式，培养孩子的注意力，不妨试试下面的小游戏。

1. 躲猫猫

别看不起躲猫猫游戏，这个小游戏对宝宝大有好处。不仅能让宝宝逐渐理解物体的客观永存性，而且还能够非常有效地延长宝宝的有意注意力时间。

2. 圈字游戏

这个游戏适合大一点的孩子，三四岁的孩子比较合适。在一张纸上写下一长串数字，然后让孩子把这串数字中的1找出来，并在上面打上圈。

妈妈，我不要断奶

断奶不是一蹴而就的，应该在断奶前做好充足的准备，让宝宝心理有一个接受的过程，这是最重要的。

最近同事小李因为孩子断奶的事情搞得焦头烂额，就连上班都不消停，家里的小阿姨时不时地打来电话，向她汇报女儿的情况。“盈盈又不听话了，不肯吃奶。”“盈盈哭闹个不停，要找妈妈。”搞得小李不能踏踏实实地工作。

小李的女儿盈盈已经快两岁了，因为是个早产儿，体质较弱，小李对女儿可谓是费尽了心血。为了增强孩子的体质，她听取了医生的建议，一直坚持母乳喂养。现在女儿马上就要两周岁了，身体也比以前强壮了许多，小李就想是时候给女儿断奶了，但没想到，断奶是一件如此艰难的大工程。

“我女儿只要一见到我，就要吃奶，不停地抓我的衣服，如果我不给她吃，她就哭闹个不停，尤其是晚上，哭闹得更厉害。”小李没有办法就听取了婆婆的建议：“你在乳头上涂上一点辣椒，孩子就不吃了。”

这招果然奏效，盈盈吃到了苦头，不再吵着吃母乳了，但是一喂她食物，她就哭闹，甚至把奶瓶丢到地上，除了母乳，盈盈抗拒一切食物。眼看着女儿又瘦了下去，前些日子，又感冒了，让小李硬下的心又软了，要不再给孩子吃一段时间吧？

其实，孩子断奶并不像大人想象得那么容易。母乳对孩子来说，不仅仅是赖以生存的食物，还有一种特殊的情感。断奶难的是让孩子摆脱心理上对母乳的依赖，母乳会给他们一种信任和安全感。如果突然断奶，势必会对儿童的心理健康产生不利影响。尤其是那些母乳喂养时间较长，又没有及时添加辅食的孩子，断奶会更加困难。

宝宝轻松断奶记

与很多年轻妈妈担心母乳喂养会影响身材相比，我可以称得上是一位伟大的妈妈，因为我一直坚持母乳喂养到儿子一岁三个月。在上班期间，我会把奶水先挤出来，放到母乳保鲜袋里，储存在冰箱里。儿子饿了，就让小阿姨热热给他吃。也许是吃母乳的缘故，儿子的体质很好，感冒、发烧很少发生。

到儿子一岁两个月的时候，我认为是时候给儿了断奶了。不过，我并没有立即给儿子断奶。我觉得对于一直吃母乳的儿子来说，一下子就让他不再吃母乳，多少有些残酷，我怕他一时接受不了。于是，我就嘱咐小阿姨逐渐减少儿子母乳喂养的次数，多给他喝牛奶。

大概过了半个月，儿子基本上就可以做到白天不吃母乳，只是晚上我回来的时候，才会吃一次。对于儿子来说，最难戒掉的就是临睡前吃奶和夜里吃奶。晚上儿子特别依恋我，和我在一起，他就想到了吃奶，其实并不完全是因为饿，多是想撒娇罢了。

这时候就是老公发挥主观能动性的时候了。虽然一天没见到宝贝了，好想和他亲一亲，抱一抱，但是为了断奶一次成功，我还是减少了与他亲近的机会。虽然有时候儿子会抓着我的衣领，想要吃奶，但我还是尽量想办法分散他的注意力，实在不行，再让他解解馋。

到宝宝一岁三个月的时候，已经做足了一个月的准备，我认为完全可以实施我的断奶计划了。断奶第一天，是老公哄儿子睡觉的，虽然花了很长时间，不过，还好，成功了。晚上睡觉的时候，我把儿子放在了小床上，让老公挨着他。第一个晚上是最难熬的，儿子一晚上哭了三次，老公抱着宝宝在房间里溜达，我们把它称之为“走四方”。

俗话说，万事开头难。度过难熬的第一个晚上，一切变得顺利起来。第二个晚上，宝宝只闹了一次。到第三个晚上，我实在熬不住了，不想再和宝宝分离，我就挨着宝宝睡下来。晚上，宝宝哭闹着想吃奶，我就对儿子说：“宝宝长大了，不能再吃奶了。”轻轻地拍打他的小屁股，不一会儿他就哼哼唧唧睡着了。

只用了三天，儿子就断奶成功。以前常听别人说，孩子断奶有多难，又是忍痛把孩子送到娘家，又是往乳头上涂辣椒的，听着都恐怖。其实，我觉得完全没有必要弄得这么复杂，只要在断奶之前，做好充足的准备，断奶也可以轻轻松松实现。

宝宝断奶有高招

为了使孩子能在生理上、心理上顺利地度过断奶期，妈妈们应该有一个长远的打算，不是想断奶就立马行动，希望取得立竿见影的效果，那是不可能的。要让宝宝成功断奶，我认为做好以下准备是必不可少的。

第一，及时给宝宝添加辅食。纯母乳喂养的孩子，一般到6个月就可以按时添加辅食。如果是吃奶粉的孩子，从4个月起就可以逐渐喂些米粉、稀饭等，一旦孩子接受这些食物，就可逐渐过渡到断奶。

第二，逐渐减少与宝宝在一起的时间。宝宝吃奶不只是满足生理需要，有时只是想与妈妈撒撒娇，满足心理需求，妈妈们可以适当减少与宝宝在一起的时间，由爸爸来代替照顾宝宝。

第三，断奶最难的是戒掉睡前吃奶与夜里吃奶。可以让宝宝在白天尽情地玩耍，使精力消耗掉，晚上就可以很快入睡，不至于非要吃奶才能睡着。

总之，断奶不能一蹴而就，要循序渐进。遇到孩子身体不适时，还可能出现反复，妈妈要有耐心才行。

延伸阅读：不要让断奶成为伤害孩子的行为

说到断奶，很多有经验的老人都会建议，往奶头上涂墨汁、辣椒水、清凉油之类的刺激物，这种厌恶疗法，对于只有一岁左右的孩子来说，是不适宜的，会吓坏宝宝，而且宝宝还会因为恐惧而拒绝吃东西。

也有的妈妈会采取隔离的方法断奶。把宝宝送到娘家，几天甚至更长时间不见宝宝，这是非常残酷的。断奶已经让宝宝很不安了，再看不到妈妈，岂不是加重了宝宝的焦虑与不安。

以上两种方法都是不正确的，建议妈妈们不要选用这些方法。

不是这样的，重新来

出生到四岁是宝宝秩序感形成的敏感期。处于敏感期的孩子在建构内在秩序的同时，对外在的秩序会有以下要求：场所、顺序、所有物、约定、习惯。

一天早晨，我出门准备上班，在楼梯口遇到了邻居小孙与她2岁的女儿小雨。小雨哭闹个不停，大喊道："重新来，重新来！"小孙不耐烦地责备孩子："这么点的小孩怎么这么固执啊？"

原来，小孙抱着小雨从二楼下楼梯到一楼去，小雨非要自己下楼梯，不要妈妈抱。因为那天是下雨天，楼梯上有一些雨水，小孙担心孩子不小心摔跤，就抱着女儿下了楼，一直到还剩下几步台阶的时候，才把小雨放下来。

原本小孙想孩子就是想下楼梯嘛，在哪里下都一样，可是，小雨却不干了，非要回到二楼去，重新自己走下来。于是，才会不停地大喊道："重新来，重新来！"小孙却觉得这是孩子无理取闹，不肯答应，小雨见妈妈不答应，在地上不停地跺脚，以示抗议。

小孙哄了好一会儿，都不见效，没办法，她只能把孩子抱回了二楼，重新让小雨一个台阶一个台阶地走下来。孩子的脸上洋溢着喜悦的笑容，小孙却担忧地说："这么小就如此固执，真不知道孩子长大了会怎样。"

可能不少家长在看了这个故事后，都会和小孙一样，认为孩子的行为就是固执、倔强的表现，其实并非如此，这只是孩子秩序感敏感期的表现。“秩序感的敏感期”这个词说起来很绕口，但并不难懂。

首先，我们来说说儿童的敏感期，它是指儿童对某一项技能、技巧和认知能力的掌握有一个发展最迅速、最容易受到影响的时期，秩序感的敏感期只是儿童众多敏感期之一，出生到4岁是宝宝秩序感形成的敏感期，其中2岁左右表现得极为强烈。这个阶段的宝宝急切需要保护一个精确而且有序的环境。

“固执”的小孩

不要以为孩子的世界是一团糟的，没有一点秩序，就像他们把你的房间弄得乱七八糟。其实，孩子对秩序的要求可以达到固执的地步，只是他们的“固执”常常被成人理解成不听话。

记得有一年夏天，我们一家三口开车去海边游玩。那天的天气好热，走在海边的沙滩上直烫脚，我和老公就把外套脱了。到了傍晚，天气突然转凉，老公那几天本来就有些感冒，害怕病情加重，就随手把我的外套披在了肩上。

正在不远处用沙子堆城堡的沛泽看到老公穿着我的衣服，立马跑了过来，气呼呼地责备老公：“这是妈妈的衣服，你不能穿。”老公半开玩笑地说：“我就要穿，就要穿，妈妈的衣服好漂亮，我喜欢。”

老公本想逗沛泽开心，不承想，却激怒了沛泽。他用命令的口吻要求老公一定要脱下来。见爸爸没有动静，竟然动手去脱老公披在肩上的外套："爸爸，脱下来，你必须脱下来！""你这个小孩，真是烦人，什么都管！"老公见儿子急得都要哭了，只得把我的外套脱了下来，交到我手上，悻悻地走到一边去了。

"爸爸，给！这是你的外套，那是妈妈的外套，这是宝宝的外套。"沛泽拿起老公的外套递给了老公，并给老公解释了一番，然后满意地跑到一边去玩沙子了。"这孩子固执得像头驴。"老公嗔怒地说。

其实，老公哪里知道，这是儿童的秩序感敏感期在作怪。处于秩序感敏感期的孩子对外在的"所有物"会有很高的要求，这个东西是谁的，就一定要归还给谁。对于沛泽的行为，我是能够理解的。他认为妈妈的外套是不应该出现在爸爸的身上，妈妈的外套不属于爸爸，妈妈的外套属于妈妈，它穿错了地方，所以要从爸爸的身上脱下来。

通过这件小事，让我认识到孩子对物的拥有者的秩序感是非常执着的，同时也反映出孩子的自我要求以及对别人的要求都是非常高的。孩子的这种行为常常被成人误解为固执，甚至受到大人的批评。

记得一个朋友说过这样一件事：一次他的儿子早上起晚了，朋友赶紧帮孩子穿好衣服，吃了早饭，收拾了书包，牵着孩子的手准备送孩子去幼儿园。就在要出门的时候，孩子突然发起了脾气，大声嚷嚷："我还没有刷牙呢！"朋友说眼看着就要迟到了，所以，就没有同意儿子去刷牙，于是，儿子就和他大吵了起来，朋友一气之下，打了孩子，结果，孩子在上幼儿园的路上，一直坐立不安，非常的焦虑。

听了朋友的故事后，我一直在想，为什么不顺应孩子的要求呢？殊不知，大人的无意行为破坏了良好的秩序，对孩子未来的影响将是巨大的。

如何帮助孩子建立秩序感

秩序是生命的一种需要，当它获得满足时就能产生快乐，因此，在孩子发展秩序感的敏感期中，家长要积极地帮助孩子建立秩序感。具体说来，应注意以下方面。

1. 为孩子建立固定的属于他自己的空间

孩子的生活用品、玩具都应该有固定的摆放位置，每个地方应该放什么物品，都应该是固定的。

2. 每次只让孩子玩一件玩具

现在的孩子都不缺少玩具，家长常常把这些玩具放在一个纸箱里，每次孩子想玩时，就会一股脑儿地把玩具全部倒出来，这不利于孩子养成物归原处的习惯，建议每次只给孩子玩一件玩具，当孩子不再玩时，鼓励他将玩具放回原来的地方。

3. 鼓励孩子做好自己的事情

很多时候，家长为了节省时间，或者担心孩子会把房间弄乱，常常是什么事情都由大人代劳，没给孩子自己动手的机会。其实，这对孩子建立秩序感是不利的。不妨有意识地安排孩子做房间里物品的整理工作，哪怕做得不是很好，也要鼓励孩子自己去做。

延伸阅读：良好的秩序感关乎孩子一生的心理健康

出生到 4 岁是宝宝秩序感形成的敏感期，秩序是生命的一种需要，也是影响一个人终身的一种习惯和品质。

蒙特梭利在《幼儿之秘》一书中谈道：敏感期与精神现象有密切的关系。精神现象是一种洞察力和行动，它们为意识立下基础，同时也是形成精神成长的基础。

因此，当孩子处于0—4岁秩序感形成的敏感期时，外在环境中的人、事、物的秩序是帮助其混沌内在发展清楚有序的媒介，如果这些秩序被破坏，孩子就会感到不安和焦虑。如这种状况一直持续，很有可能会导致儿童的人格异常。

这部手机里面会有什么呢

孩子的每一个破坏性行为中都有一个天真的、弥足珍贵的想法，值得我们去尊重。

楼下一群孩子正围着一辆电动小汽车，有的孩子使劲地掰车门，有的孩子用力地卸车轱辘，不大一会儿工夫，一辆崭新的小汽车就被拆成一堆零件。小家伙儿们高兴得又蹦又跳，就像是完成了一项伟大的发明。

“哎哟，灼灼这是怎么搞的？我刚给你买回来的小汽车，怎么一下子就变成废品了？”灼灼的妈妈呼天抢地地跑了过来。灼灼不紧不慢地说：“是我们把它卸了，想看看它为什么会跑？”

“你这个败家的孩子，这辆车花了我500多块呢，如果你再把玩具弄坏了，我就再也不给你买了。”灼灼的妈妈生气了，吓得小朋友们一哄而散，灼灼嘟着小嘴。“还不快点把这些零件捡起来，一会儿让你爸爸看看能不能把它修好！”

每个家庭似乎都有一个“败家子”孩子，买了没两天的变形金刚被拆成了一堆零件；洋娃娃本来穿着漂亮的裙子，宝宝却把它的裙子给脱了，胳膊也扭了；就连手机都难以幸免，不把它大卸八块，孩子是不会甘心的。

每每这时，家长对于孩子的破坏行为都会勃然大怒，呵斥孩子，命令孩子下不为例。其实，孩子这样做是探索的一种表现，他们并不是故意要破坏东西，而是因为他们对这个东西感兴趣，想看看究竟是怎么回事。

如果家长呵斥孩子，不允许孩子拆卸玩具，就干涉了孩子的探索欲望，从而影响孩子的智力开发。所以，对于孩子的破坏行为还是保持宽容的心态吧，如果能与孩子一起完成他的“杰作”，那当然更好。

可爱的破坏大王

说到孩子的破坏性，很多父母都感到头痛，甚至喋喋不休地抱怨：“什么东西到了孩子手里，立刻变成废品，弄得家里都不敢随便放东西。似乎只有把东西弄坏了，他才高兴。真不知道孩子的心里是怎么想的？”

是啊，孩子的想法有时候确实有些古怪。其实，很多时候，在我们大人看来不可理喻的事情，在孩子眼里，都是有道理的。如果了解了孩子心里的想法，我们不仅不会责备孩子，甚至还会为孩子的天真想法而感动呢！

记得有一次，老公刚刚买了一部新手机，沛泽就趁我们不注意，把它摔坏了，里面的零件散落了一地。看到手机面目全非的那一刻，我非常生气。一转眼 1000 多块大洋就被他报销了，于是狠狠地批评了他。老公却在一旁替沛泽说情，劝我不要生那么大的气，说孩子这样做一定有他的道理。

道理？摔坏东西还有道理可讲？我无法理解老公的愚蠢想法。但是当沛泽忽闪着大眼睛问我：“妈妈，为什么手机里面没有人，也能说话，能唱歌呢？”我一下子怔住了，原来儿子摔坏手机，就是想看一看手机里面有没有人。听儿子这么说，我的气消了一大半，庆幸的是，还好我没有动手打他，不然，我岂不是扼杀了孩子的好奇心、探索的欲望了吗？

还有一次，我带沛泽去姥姥家，姥姥家的暖气坏了，家里很冷，金鱼缸都冻了一层薄薄的冰。我担心儿子会被冻感冒了，给他穿了很厚的衣服，让他躲在房间里，不许出去。我和爸爸、妈妈一起去找人修理暖气。

等我们回来的时候，妈妈无意中发现养在金鱼缸里的几条金鱼不见了，不会是被小猫叼走了吧？妈妈担心地说。儿子听到后，高兴地跑过来："姥姥，姥姥，我做了一件好事，你是不是要表扬我呀？"

我发现儿子的口袋被水弄湿了，立马明白了。但妈妈还蒙在鼓里："沛泽，你做了什么好事呀？快跟姥姥说说。""姥姥，我拯救了小金鱼，你看！"说着，儿子从口袋里掏出一块小手帕，然后小心翼翼地把手帕打开，里面裹着的竟然是妈妈养的金鱼。"姥姥，天气太冷了，我怕小金鱼会感冒了。咦？姥姥，小金鱼怎么不动了呢？"我和妈妈面面相觑，哭笑不得。

看了沛泽的故事，你还觉得孩子的破坏性行为是不可饶恕的吗？是不是觉得孩子的破坏有理，应该支持呢？是不是觉得这破坏中似乎还带着小小的可爱呢？

让孩子在破坏中快乐成长

孩子"破坏"的过程，也是学习的过程。在这个过程中，孩子的手、眼都得到了锻炼，同时也促进了思维的发展，所以，家长切不可阻止孩子的破坏行为，对孩子的破坏行为要持宽容的态度。

不仅如此，家长还要积极地参与到破坏行动中来，在孩子把玩具拆得稀巴烂之后，要不忘问上一句：这机器人里面有什么呢？为什么它会动呀？引导、帮助他们一起寻找结果，然后再跟孩子一起把拆开的玩具恢复原样。这才算是合格的父母。

延伸阅读：并不是每一种破坏行为都是可以饶恕的

大多数情况下，孩子的破坏行为都是学习的过程，应该得到家长的支持。但是有些时候，却并不如此。

比如，当孩子向家长提出要求没有得到满足时，孩子因为赌气，会故意破坏东西发泄心中的不满，或者以破坏东西为要挟，以达到个人的目的，对于这种故意破坏的行为，是不可以姑息的，既要严厉地批评孩子，也要让孩子受到一定的惩罚，让孩子记住这种行为是不被允许的。

妈妈说，她不要我了

请不要用假装遗弃孩子的方式来伤害孩子，这对孩子的影响不是一时的，是一生的。一个缺乏安全感的孩子的未来是非常可怕的。

上班路上，在我开车路过一个十字路口时，突然一个小女孩从街角跑了出来，吓了我一大跳，立马踩了刹车。小女孩擦着我的车子跑了过去。这是谁家的孩子，怎么不看着点，乱闯红灯。此时，刚才的惊吓已经变成了怒火，在熊熊燃烧。

“妈妈，妈妈，等等我！”小女孩凄厉的叫声再次吸引了我。只见小女孩蹒跚地奔跑，努力追着前面一个年轻的女人。女人回了回头，见女儿离自己近了，又快走了几步，并大声地对女儿说：“你走开，我不要你了，你是一个不听话的孩子。”

“妈妈，不要，不要！”小女孩挣扎地往前跑，似乎已经精疲力竭，脸上已分不清是汗水还是泪水，头发乱蓬蓬的。这妈妈也太狠心了，无论孩子犯了多大的错，有话好好说，这样把孩子丢掉算是怎么回事？

也许是小女孩太着急了，或者是没有了力气，一个趔趄，跌倒在地。女孩的妈妈这才停下脚步：“你要是再不听话，妈妈就把你丢在这里，让你再也找不到妈妈了。”“不要，不要！”小女孩紧紧地搂着妈妈的脖子，哽咽个不停。

假装遗弃，似乎是对一个不懂事的孩子最简单也是最有效的惩罚手段。可是，大家却忽视了这种方法对孩子的伤害。假装遗弃会大大破坏孩子的安全感，儿童在很小的时候，对父母有着强烈的依恋感，这种依恋关系会让孩子的心理得到安全保障。

如果假装遗弃孩子，孩子就会觉得连自己最信赖的人都不要自己了，自己就没有人保护了，这对孩子的伤害该是多大？长此以往，孩子就会变得敏感多疑、情绪不稳定，进而影响人际交往。

无意中的伤害

“你再不听话，我就不要你了！”这是很多家长在教育不懂事的孩子时，经常说的一句话。甚至有的家长还会故意藏起来，吓唬孩子，直到孩子“投降”，妈妈才会出现。我对这种吓唬人的教育方法一直持反对意见。

因为我自己就是一个受害者。小时候，爸爸、妈妈就经常用这句话来教育不听话的我，搞得我现在特别缺乏安全感，遇到一点小事，就如临大敌，心跳加快。所以，我就告诉自己，以后有了孩子，千万不能吓唬他。

沛泽出生后，我特别注重孩子安全感的培养，也一直奉行不吓唬孩子的教育原则。但是，我还是在无意中伤害了孩子。沛泽的脾气很倔强，妈妈说和我小时候一样，朋友们也都说儿子和我是一个模子里刻出来的。每每他发脾气的时候，都要闹上好一会儿，简直就是对我耐性的巨大考验。

有时孩子闹得太厉害，我一气之下，就会把他带到卧室里，让他一个人好好“思考”。“你不哭了，再出来！”然后，我会离开卧室。本以为他哭一会儿，就会好了，可是，我却发现，越是这样，孩子越哭得声嘶力竭。我误以为是孩子的脾气大，脾气倔强，只要我多坚持一会儿，杀杀孩子的“威风”就好了。

但情况并没有像我预想的那样发展。一天，我又一次将孩子带到卧室里，让他“反省”时，沛泽突然死命地抓住我的大腿，不让我走。嘴里大喊着：“抱抱，抱抱！”那一刻，我恍然大悟，自己犯了多大的错误，孩子哭并不是因为我把他放在卧室里，而是我的离开，他担心妈妈不要他了。虽然我没有说过这样的话，但是我的实际行动却是在说明这样一个事实：你是一个不听话的孩子，妈妈不要你了。

当我把孩子搂在怀里，轻轻地拍打孩子的背，并好生安慰他时，儿子会立马不哭了，破涕为笑，搂着我的脖子，在我的脸上亲了又亲，甜甜地喊道：“妈妈，妈妈……”也许，这样他觉得妈妈失而复得了吧，所以，才会那么高兴。

由这件事让我联想到沛泽近段时间的表现。最近沛泽晚上睡觉的时候总是不踏实，有时会突然醒来，然后用小手不停地抓，大声地哭泣，当他看到我在他的身边后，他会用手搂着我的脖子，安静地躺下来。原来，儿子是害怕我突然离开他，而这一切都源于我自以为得意的管教方法。

通过我的亲身经历，我想告诉家长朋友们：请不要用任何言语或动作，让孩子误以为你不要他了，相对于体罚，这种伤害有过之而无不及。

请不要假装遗弃孩子

很多家长，习惯把“你再这样，妈妈就不要你了”、“妈妈不喜欢你了”之类的话放在嘴边，来吓唬孩子。虽然能够暂时让孩子安静下来，达到教育孩子的目的，但是从长远来看，对孩子的伤害却是隐形的，而且这种伤害的程度是无法估量的。

当然，家长并不是真的要抛弃孩子。但是，对于一两岁尚不懂事的孩子来说，是无法区分家长的表面行为与内在动机的。他们对别人情绪的理解是有限的，通常只会通过他人的面部表情、外部行为来认知他人的情绪。所以，当父母说不要他了时，孩子会非常害怕，以为父母真的会离开。

因此，提醒大家，无论在什么情况下，惩罚孩子都要在保证孩子安全感的前提下进行，否则一切教育都会以失败而告终的。

延伸阅读：安全感关乎孩子的一生

人本主义心理学的代表人物马斯洛认为，安全感是决定心理健康最重要的因素之一，甚至可以被看作是“心理健康”的同义词。安全感主要表现为确定感和可控感，对可能出现的危险或风险有掌控感，在应对变化、风险时不会感到无助、不确定，相信自己可以对付。

可以这样说，一个有安全感的人才是一个自信的人，才会是一个在任何情况下都能勇敢面对困难的人。由此看来，安全感关乎孩子的一生。然而，很多时候，大人却无情地伤害着孩子的安全感。

当孩子张开手臂，向你撒娇时，你是否会坚决地推开他？当孩子不听话时，你是否会吓唬他说："你再不听话，大灰狼就把你吃掉？"抑或在孩子和小伙伴玩耍时，你是否会经常大惊小怪地喊道"危险，小心"、"不要动"？

反省一下自己的行为吧，别在无意中伤害了孩子！

大人说话都不算数

请不要与孩子开玩笑，因为在你看来的玩笑，对孩子却是一种伤害。孩子的心是纯洁的，是经不起玩笑的。

晚上约朋友在饭店吃饭，突然听到旁边位置上一个小女孩的哭声。小女孩的妈妈安慰女儿说："宝宝乖，如果你听话，我就带你去买玩具。"本以为这样的诱惑会让孩子安静下来，结果却让孩子更加生气。

"你骗人，你们大人说话从来都不算数。"小女孩语出惊人，令女孩的妈妈怔住了。"宝宝，妈妈怎么说话不算数了呢？"

"上次，你说带我去买衣服，你就没去；还有，那天你带我去动物园玩，临上车的时候，你就改变主意了，说车上人多，就没带我去。大骗子，大骗子！"小女孩"如数家珍"般将妈妈的"罪行"公布于众。

"妈妈是临时有事，不能带你去，不是有意要骗你的。"女儿的话让这位妈妈有些不知所措。想了好一会儿，才编了一个理由出来。

"这个小女孩真聪明，现在的孩子不好骗喽！"朋友感慨地说。"不用说，你肯定也经常用这招哄孩子吧？"我一句话戳到了朋友的要害。"我也是没有办法，有时只是哄哄他，开开玩笑，谁知道他会当真啊！"

“难怪你的孩子会撒谎。”我半开玩笑地说。我说这话不是空穴来风。那次，我打电话给朋友，朋友的儿子接起电话，听说我要约他妈妈出来，小家伙儿担心妈妈走了没人陪，就告诉我说，妈妈病了，住进医院了。

现实生活中，有不少家长喜欢跟孩子开玩笑，或者是在孩子哭闹的时候，用带有欺骗的方法哄孩子，让孩子暂时安静下来，这种做法是非常不可取的。

首先，这对培养孩子的品质和正确的价值观不利，会导致孩子说谎；其次，不当的玩笑会使孩子产生犹豫、焦虑等心理。因为孩子的心理还不成熟，玩笑会使孩子产生不确定的感觉。

请记住：孩子开不起玩笑

看到可爱的孩子，人们总是免不了会逗一逗，开一开玩笑。不过，我想告诉大家的是，孩子是经不起玩笑的。孩子的心犹如水晶般纯净，同时，这颗心也跟玻璃一样容易被划上伤痕。在大人看来，只是一个玩笑，但对孩子来说却是一种伤害。

沛泽小的时候，我就非常注重他品德的培养。教会孩子懂得分享，把好吃的、好玩的拿给小朋友们一起吃、一起玩。但是，渐渐地，我却发现沛泽不再那么大方了，其原因就是因为大人无意中的玩笑。

一天，我带沛泽出去玩，沛泽手里拿着一根棒棒糖。一位身怀六甲的孕妈妈，看到沛泽手里的棒棒糖，开玩笑地说：“把这根棒棒糖给阿姨吃吧。”沛泽看了看我，又看了看阿姨。我知道他心里一定很为难，因为我一天只允许他吃一块糖，这块糖是他这一天中仅有的一块，他舍不得呀！

这位孕妈妈见沛泽有些为难，故意逗他说："男子汉，可不能这么小气，连一根棒棒糖都舍不得给别人吃吗?"听阿姨这样说，沛泽委屈得眼泪都要流出来了。于是，我告诉沛泽，如果你不想给阿姨吃，就直接告诉阿姨吧，沛泽想了很久，才吞吞吐吐地说："我只有一根，不能给你吃。"之后，我又让沛泽学着我的样子说："明天我多拿几根，再给你吃。"

第二天，我和沛泽出去散步，又遇到了那位孕妈妈。这次沛泽手里拿的是一包饼干，孕妈妈又过来要，这次沛泽很爽快地答应了，拿了一块，放到阿姨的手上。"真乖，沛泽，阿姨不吃，你吃吧。"

从这以后，每次孕妈妈看到沛泽，都会要沛泽手里的东西，当沛泽把东西给对方时，对方又会好心地拒绝。可是沛泽并不懂得这些。一次，他问我："为什么大人说话都不算数呢?"原来，儿子是搞不懂阿姨"出尔反尔"的行为。有了这次不愉快的经历，别人再和他要东西时，他都会拒绝，并理直气壮地说："你又不是真的要，你们都是骗人的。"渐渐地，沛泽就变得小气了。

所以，大人与孩子开玩笑要适可而止，千万不能过头，不然，就会让孩子左右为难，不知道什么是对，什么是错，影响孩子正确价值观的形成。

记得一个朋友说过，一次，女儿喊妈妈拿尿桶，因为她要尿尿，而这之前，都是女儿自己拿的。所以，朋友拒绝了女儿，让她自己拿，女儿却表现得很不情愿。于是，朋友就开玩笑地说："那就尿裤子好了，明天去幼儿园的时候，让全班的小朋友都知道你尿裤子了。"不承想，话音未落，女儿已经将裤子尿湿了。

少跟孩子开玩笑

有不少家长喜欢和孩子开玩笑，而且喜欢利用孩子对事物的无知和把什么事情都当真的态度来开玩笑。比如说，"如果你不听话，妈妈就走了。"或者是，"如果你再哭，大灰狼就会把你吃掉。"

殊不知，这样做对孩子是一种伤害，因为大人所说的结果没有出现，孩子就会无所适从，不知道该不该相信大人的话。久而久之，孩子就会养成说谎的习惯。

所以，如果真的要和孩子开玩笑，首先应该想到玩笑可能出现的后果。如果对孩子成长不利，还是不要开的好，如果玩笑开了，就应该在玩笑结束后，给孩子作专门的解释，这样也便于消除对孩子的不利影响。

延伸阅读：请不要揭孩子的短

平日里，大人经常在一起谈论孩子的趣事，孩子的尿床问题更是谈论的焦点话题。这个问题在成人看来只是一个玩笑，但对孩子来说，却是不能说的"丑事"。

这是对孩子的一种羞辱，会严重伤害孩子的自尊心，甚至会让孩子失去自信，在众人面前抬不起头来，产生自卑心理。所以，家长朋友不要把孩子的丑事当作是玩笑，当众揭孩子的短，给孩子留一点面子吧。

我不要你管

孩子的任性行为常常被大人们看成是不听话。实际上这是孩子的“反抗”心理，是独立性个性品质发展的重要标志，是一种正常的心理发育现象。

周末的一天，我带着儿子去商场买衣服。在上滚梯时，突然，一个5岁左右的男孩用力地从我和儿子中间穿过，吓出我一身冷汗。还好，我反应比较快，一把抓住了儿子，否则，后果不堪设想。

我被这突如其来的状况激怒了，大声喊道：“这是谁家的孩子，怎么在电梯上横冲直撞呢?”“对不起，对不起，这是我孙子，没伤着孩子吧?”一位头发花白的老人踉踉跄跄地跑了过来。

“这太危险了，您可要把他看好了。”见是一位老人，心中的怒火熄了大半。为了不影响逛街的心情，我不想再追究此事。

“慢点，慢点，这样很危险。”老人紧追两步，终于抓住了小男孩。“我不要你管，你走开!”小男孩固执地挣开奶奶的手，又朝前方跑去。老人使劲地在后面追赶。

后来，在我和儿子买衣服时，又遇到了这个小男孩。小男孩手里抱了好几辆电动玩具，非要吵着让奶奶买。“孙子，咱家里不是有很多电动玩具吗? 奶奶只同意给你买一辆，你自己选一辆吧。”

“不，我全部都要，全部都要。”小男孩任性地在地上打起了滚，引得路人纷纷围观。越是人多，小男孩表现得就越发的张狂，他的哭声也越来越大，老人没有办法，只得乖乖地听从了男孩的话，把他要买的玩具全部买了下来。

在孩子成长的过程中，3—4 岁是人生的第一个“反抗期”。处在这个时期的孩子不再像以前那样听话，喜欢和大人抗争，试图摆脱大人的约束，甚至故意与大人作对，你让他去做的事情，他偏偏不去做；你不让他去做的事情，他偏要去做。当大人提出某种要求时，孩子往往会说“我不要你管”“我不”。

任性的嘟嘟

孩子到了 3—4 岁，甚至更早，就会开始和大人“闹独立”。大人的纵容以及娇生惯养，会更加助长孩子的“嚣张气焰”。

邻居家的小孩嘟嘟，是一个很可爱的小女孩，长着一张瓷娃娃的脸，大眼睛水汪汪的，非常招人喜欢。只是有一点让人无法忍受，每每遇到不顺心的事，嘟嘟都会不依不饶，搞得父母精疲力竭，无奈之下，只能向她妥协。

一天，我下班回家，见嘟嘟家门敞开着，里面传来嘟嘟的哭声，还有妈妈、爷爷、奶奶的七嘴八舌的声音。“嘟嘟，乖，不哭了，明天我们就去买好不好?”“嘟嘟，听话，要不妈妈给你做你最爱吃的孜然羊肉怎么样?”“乖孙女，都怪你爸爸，谁让他记性这么不好，给你忘了，我打他。”

“嘟嘟，这是怎么了？坐在地上冷不冷呀?”我走到嘟嘟的家门口，见嘟嘟正坐在地上，伤心地哭泣。

“是沛泽妈妈呀，你说这孩子多气人，就因为我忘记给她买羊肉串了，就哭闹不止，非要我现在去买。现在外面下着雨，我去哪里买呀!”正在气头上的嘟嘟的爸爸像机关枪一样，一连串地抱怨孩子的不听话。

“我不管，我就要吃，就要吃，现在就吃!”嘟嘟听到爸爸批评自己，脾气更大了，用脚丫不停地踢打地板。

“你少说两句，都怪你，谁让你记性不好了。”嘟嘟的爷爷严厉地批评儿子。“爸，就是你们把孩子娇惯成这个样子的，什么事情都宠着她，都依着她，现在她都要翻天了，你们还不管管她。”

嘟嘟的爸爸一把拉起嘟嘟，把嘟嘟关进了房间，客厅里吵成一片，争抢着要为嘟嘟解围，责备嘟嘟爸爸的不是。我见状立马过去劝解：“不要吵了，小孩子确实不能娇惯，但是嘟嘟也不是一天两天才这样的，让我来试试吧。”

我走进嘟嘟的房间。“嘟嘟，阿姨最拿手的菜是葱爆羊肉，比羊肉串还好吃，今天晚上阿姨就做，你要不要尝尝?”嘟嘟把目光朝向门外，似乎是在向妈妈、爷爷、奶奶求情。可是她哪里知道，他们都被爸爸拦在了门外，见门外没有动静，嘟嘟只能点点头，答应了我。

嘟嘟和我回了家，很乖地坐在沙发上，等着我给她做葱爆羊肉。吃过晚饭之后，嘟嘟的爸爸来接女儿，嘟嘟没有说话，低着头，坐在沙发上不动弹。看得出，小家伙儿是有些害怕爸爸。

“嘟嘟，你已经打扰阿姨很久了，你现在应该跟我回家。”嘟嘟的爸爸命令道。“我要妈妈来接。”嘟嘟小声地说。“妈妈是不会来接你的，要是回家，你必须跟我走。”嘟嘟犹豫了一会儿，还是跟爸爸走了。

幼儿任性怎么办

幼儿任性是一件令人头痛的事情，很多父母常常因为幼儿的任性失去理智，甚至动手打孩子，这样的做法只是治标不治本，不妨试试冷处理。

当孩子的要求没有得到满足而发脾气时，我们可以暂时不去理他，给他一个情绪发泄的空间，同时也给孩子造成一个无人相助的环境。在此期间，不要流露出心疼或者迁就的样子，不然就会前功尽弃。

当无人理睬时，孩子就会感到无趣，自然会作出让步。事后，等孩子的情绪平复了，再给孩子讲道理，往往效果会更好。

如果孩子的表现比较激烈，也可以利用转移注意力的方法。孩子注意力易分散，易被新鲜的事物吸引。当家长把孩子的注意力从他坚持的事情上转移到其他新奇、有趣的物品或事情上之后，他很快会忘记刚才的要求和不愉快。

延伸阅读：孩子自制力差也是导致任性的重要原因

说到孩子的任性，大家很容易把它归咎于父母对孩子的过分宽容和娇纵，这点当然不能否定。不过，这只是原因之一。

幼儿自制力差，情绪不稳定，易冲动，有的父母用训斥、打骂等粗暴方法压制孩子的正当需要和意见，也会使孩子产生逆反心理，以执拗来抗粗暴，发泄不满，使孩子更加任性。

我才是第一名

每个争强好胜的孩子背后都有着进取心超强的父母。只有父母先改变自己，才能改变孩子。

夏日的傍晚，一群孩子在玩滑梯，大家你追我赶，玩得十分开心。突然，我听到一个小女孩大声地叫喊："我才是第一名，我是，我是……"小女孩不断重复着，似乎只有这样才能让别人相信。

"苗苗你不是第一名，壮壮才是，他跑得最快，滑的圈数最多，我刚才帮你们数着，你才 5 圈，壮壮的是 8 圈。"一个文静的小女孩站在苗苗面前，来充当裁判。

"不是，你胡说，我就是第一名！"苗苗似乎更生气了，气得直跺脚。可是，小朋友们都说她不是第一名，苗苗气愤地把一个小女孩推倒在地。大家纷纷指责苗苗不对，苗苗哇哇大哭。即便如此，还不忘念叨着："我是第一名，我才是……"

听到哭声，两位家长走了过来，其中一位是苗苗的妈妈，她很担忧地说："唉，我家孩子太好强，无论是唱歌、游戏，我家女儿都要争第一，听不得人家说一个'不'字。"

目前，有很多家长非常注重孩子自信心的培养，所以，当孩子作出一点成绩，取得一点进步，家长都会鼓励孩子。可是，人们却忽视了另外一个不良因素，在夸奖与鼓励中长大的孩子，往往做什么事情后，都希望别人夸耀自己，简单地说，就是求表扬。如果没有得到表扬，孩子就会很失落，甚至表现出焦躁的情绪。

诚然，孩子争第一是有上进心的表现，这点值得肯定。但同时也要教导孩子把握好尺度，不能凡事都争第一，否则，就会导致孩子心理懦弱、耐受力差。长大后，过于追求胜负，会让孩子生活得很累，失去生活的乐趣。

好强的儿子

望子成龙、望女成凤，是每个家长的心愿，家长都希望自己的孩子是最棒的、是最优秀的，这种心理期待不由自主地就会在孩子面前流露出来。在家长的耳濡目染下，孩子争强好胜、凡事都想争第一，也是情理之中的事情了。

我是一个好强的人，对待工作非常认真，在单位年年拿到优秀员工的奖金。每次我都要向老公炫耀一番："瞧瞧，咱又是优秀，又是先进！"老公总是摇着头说："我才不像你一样，为了拿奖金，累死累活的，太不值得了。"我笑老公是吃不着葡萄说葡萄酸。

6岁的儿子则会向我竖起大拇指："妈妈，你真棒，以后我也要向你学习！"我拍着小家伙儿的肩膀，鼓励他说："加油，妈妈永远支持你！"在我的影响下，儿子也非常好强，表现欲特强，特别喜欢出风头，就连玩游戏也非要争出个高低。

一天，沛泽和几个小伙伴在家里比搭积木，看谁的积木搭得又高又稳。其中一个孩子完成了自己心目中的高楼大厦，高兴地跳起来。我见状表扬了这个孩子："你的积木搭得真棒！”沛泽却有些不高兴：“这次不算，重来！”也许是急于求成，这次沛泽没有搭多高，就把积木碰倒了。再次失败令儿子很恼火，一把就把小伙伴的积木推倒，大喊着：“不玩了，不玩了。”

还有一次，幼儿园组织亲子活动，全班小朋友和父母一起玩游戏。此次活动的目的在于让孩子们体验快乐，促进亲子关系，老师并没有想让大家争出个高低。

可是，游戏结束，沛泽就不停地问我：“妈妈，我们排第几？”“我们赢了吗？”我跟他解释说：“这就是做游戏，不用争第一。”但是，当老师表扬一个家庭做得好时，沛泽却哭着埋怨我：“都是你不好，你看我们落后也不努力，我们要争第一，争第一。”

儿子的表现让我越来越觉得有必要纠正孩子争强好胜的毛病。一次，沛泽在与我下棋时，第一局我故意输给他，小家伙儿得意忘形地喊道：“妈妈，你好笨，连我都赢不了。”我没有应声，在第二盘时，我没有给他留余地，儿子输得很惨。小家伙不高兴地噘起了小嘴巴。

“沛泽，输赢是很正常的事情，没必要看得过重，只要开心就好。”小家伙儿才不理我，非要吵着和我再下一盘。这一盘，沛泽依然输了，小家伙儿竟然哭起来。“我才是第一名！”

“对，儿子才是第一名，儿子第一局就赢了妈妈，很棒！”沛泽眨了眨眼睛。“不过，这两次你太急于求成了，所以输了，是可以原谅的，妈妈不是也输了一局吗？输了就输了，有什么大不了的呢？儿子赢了我，我也很高兴啊！”我是想告诉儿子，谁都会有赢、有输，不要把输赢看得太重。

其实，孩子就是家长的影子，有什么样的家长就有什么样的孩子。只要家长作出表率，孩子也会跟着改变。

看淡输赢，快乐就好

俗话说，有其父必有其子。每个孩子的成长都离不开父母以及家庭环境的影响，同样，争强好胜的孩子背后肯定有争强好胜的父母。

诚然，现代社会，竞争乃生存之本。但是对于年幼的孩子来说，过早地看重竞争，并不是一件好事，既会让孩子过早地背上心理包袱，也容易扭曲孩子的人格。

一个人再优秀、再成功，如果无法体会到快乐，生活都将失去意义。因此，我们不妨教孩子保持一颗平常心，不要给孩子施加太大的压力，告诉孩子努力就好。

另外，应让孩子多参加集体活动，让孩子体验到每个人都会有输有赢，这是很自然的事情，没必要把输赢看得太重要。

延伸阅读：从 3 岁起，孩子就有了竞争意识

孩子小的时候，不知道什么是美丑，什么是输赢，做什么事情都以自己开心、快乐为本。但是当孩子 3 岁的时候，竞争意识就逐渐强大起来，开始不断地和别人比较，并且通过比较来评价别人和自己。

大约在孩子 4 岁的时候，就能够根据自己的经验进行自我评价，这种评价的依据就是竞争。因此，三四岁是教育孩子保持一颗平常心的关键时期，应该教会孩子正确地评价自己与他人，而不是以胜负论英雄。

奶奶，甜甜尿裤子了

孩子爱告状，主要是因为他还分不清是非曲直，需要成人的指导，并给予肯定。

公园里，几个孩子在一起玩捉迷藏，孩子的家长在不远处聊天。突然，一个4岁左右的男孩飞快地朝奶奶跑去，大喊起来："奶奶，甜甜尿裤子了。"就像发现新大陆一样，小男孩显得异常兴奋。

在一起玩的几个孩子，听到小男孩的喊声，也纷纷地跑向甜甜的奶奶："甜甜奶奶，甜甜尿裤子了，尿裤子了。"一副幸灾乐祸的样子。

"浩浩，你怎么这么爱告状呀？甜甜还小，尿裤子很正常！"男孩的妈妈责备了儿子几句，又转头对其他孩子的家长说："我儿子都快被人叫成小喇叭了，就爱打小报告，在幼儿园，经常向老师告状，一会儿是明明拿了贝贝的画笔，一会儿是贝贝不认真画画，一刻也不消停。"

浩浩妈妈的话立刻引起了几位家长的共鸣。"谁说不是，我家孩子也这样。每天从幼儿园回来，经常说别的小朋友不好。""是啊，大人要是不顺着他的意思说，他还不高兴呢！""这样的孩子长大了，多讨人厌呀！"……

能够理解做父母的心情，幼儿爱告状，很多家长都会犯愁。当家长的都希望孩子能够招人喜欢，不希望孩子成为喜欢四处“打小报告”的人，甚至会认为孩子的思想品德有问题。

其实，这种担心都是多余的，孩子爱告状与我们理解的告发不是同一个意思，更谈不上是思想品德有问题。相反，孩子爱告状是好的表现，说明他长大了，自我意识得到了发展，开始关注别人，同时孩子也希望获得他人的肯定、认同。

小小“监督员”

每个人都有惰性，所以才需要监督制度，无论哪行哪业，监督制度都不可或缺，就连家庭中也需要一个监督人员。在我们家里，自从有了儿子，这个位置就当之无愧地留给了他。

儿子4岁的时候，就已经成为一个“合格”的监督员了。一天到晚地忙个不停，监督我和老公。老公吃饭的时候没有洗手，儿子立马“严厉”地批评他：“爸爸，我们幼儿园的老师说，要讲究卫生，饭前洗手，你不洗手就吃饭，我要去告诉妈妈。”小家伙儿急忙跑进厨房，向我打起了小报告。

我幸灾乐祸地朝老公笑了笑：“儿子说得对，怎么能这么不讲究卫生呢？你平时是怎么教儿子的，要以身作则哦。”都说乐极生悲，就在我得意忘形之时，儿子又把矛头指向了我：“妈妈，你怎么能用手拿碗里的菜呢？要用筷子，我要去告诉爸爸。”

“我这不是尝一尝这菜合不合口味吗？不是图方便吗？”儿子哪里听我的解释，给我扣上一个小邋遢的帽子，跑向老公。

沛泽不仅在家里充当小小“监督员”的角色，就是在外面和小朋友一起玩时，也喜欢指东道西，扮演裁判的角色。为此，我和老公烦恼不已。我们担心这样下去，孩子会养成挑剔的毛病，只会看到事情的阴暗面，不会朝积极、光明的方向看。

最难的是，我们不能责备孩子。因为很多时候，孩子的观点是正确的，如果我们不分青红皂白地责备孩子，岂不是让孩子是非不分？也许在成人看来，是一件很小的事情，但对孩子的影响有可能是深远的。

一次，沛泽从幼儿园回家之后，就嘟着小嘴巴，一个人在房间里生气。我问了他半天，他告诉我壮壮欺负他，他把事情告诉了老师，老师却批评了他。当我问到壮壮是怎么欺负他的时候，沛泽是这样回答的：“壮壮从家里拿来一个好玩的皮球，他不给我玩。”

“儿子，那是壮壮的玩具，他当然有理由拒绝你呀！”小孩子对于是非、好坏与善恶的理解是带有明显的直观性的。所谓的好，就是和我一起玩，给我皮球玩，否则就是坏。所以，小孩子才会一天到晚有告不完的状。我认为告诉孩子正确的评价标准，才会让孩子少告状。

接着，我又对儿子说：“每个人都有缺点，也有优点。壮壮其实是一个不错的小朋友，他非常勤劳，对不对？”沛泽点了点头说：“我要和壮壮交朋友。”

当然，对于儿子在家庭中充当监督员的角色，只要是正当的，我们会坚决拥护。

孩子爱告状怎么办

一般情况下，孩子爱告状是因为年龄小，道德认识还处在一个非常幼稚的阶段，很多时候，他是想通过告状的方式来让成人评价他的行为是否正确。正因为如此，家长朋友们一定要注意，千万不要让自己无意中的不良行为成为孩子学习的榜样。

针对孩子爱告状的特点，家长应该引导孩子，多看别人的长处，学会公正、客观地看待别人，多学习别人的长处，看到自己的短处。在与其他小朋友发生矛盾的时候，要学会自己解决问题，而不是寻求大人的帮助，这样可以减少孩子的依赖性。

延伸阅读：孩子爱告状的不为人知的动机

我曾经发现有的孩子总是一而再、再而三地挑一个人的“刺”，只要这个人做错了事，小家伙儿立马会跑去告状。如果是这样，家长朋友们就应该引起注意。

因为这类告状的动机是不纯的，孩子告状的目的是想借助大人的帮忙来“整垮”对方，有报复别人的意思。这时家长就要进行严肃批评，让孩子懂得要与人为善，友好相处，相互宽容。

这是我的，不许你拿

从小教会孩子懂得分享，让孩子体会到分享的快乐，孩子才不会自私。

一天，表妹的女儿欣欣来家里玩，我拿出沛泽小时候的玩具给欣欣玩，欣欣很开心。过了一会儿，沛泽做完作业从房间里出来，和妹妹一起玩了起来。谁知，沛泽刚刚接触到玩具，欣欣就大喊起来："这是我的，不许你拿。"并把玩具紧紧地抱在怀里，生气地看着沛泽。

"欣欣，这是哥哥的玩具，你怎么能不让哥哥玩呢?"表妹开始和女儿讲道理。"我的，是我的。"欣欣提高了声调，以示抗议。

"这孩子真是没办法，在幼儿园也这样，什么东西都不让别的小朋友动，不让小朋友摸。人家正在荡秋千，欣欣走过去就把别人赶走，还说秋千是自己的。"表妹对女儿的自私行为很是头痛。

欣欣是个生活在四世同堂大家庭的孩子。有祖奶奶、爷爷、奶奶、爸爸、妈妈五个大人，就欣欣一个小孩子，因此，大家都宠爱着她，欣欣有什么要求，大人都满足。慢慢地，小家伙儿的脾气越来越坏，什么事情都要由着自己的性子来，否则，就会哭闹不止。

很多父母对欣欣这样的表现并不陌生。自私是幼儿常见的问题行为，最突出的表现就是“食物不肯给别人吃”、“玩具或学习用品不愿借给别人用”，这是幼儿自我意识形成和发展的结果。

在自我意识形成和发展的最初阶段，孩子的心理活动都是围绕自我出发的，都是从满足自己的生理和安全等需要出发的，不会考虑别人的看法和感受，所以，大人会觉得孩子变自私了，实际上是孩子长大了。

分享的快乐

每个孩子在成长阶段都曾经自私过，沛泽小时候就非常“自私”，他的玩具、食物都是不允许别人动的，哪怕是我和老公都不允许动，只要发现东西少了，就会哭闹个不停。

一次，我带沛泽到楼下玩，一个小女孩看到沛泽手里的小汽车，就跑过来要：“沛泽，你给我玩一会儿好吗?”“不好!”沛泽不假思索地回答，并把小汽车藏在身后。小女孩遭到了拒绝，很生气，哭着跑向妈妈：“妈妈，他不给我玩具玩。”

小女孩一哭，我就有些慌了，都在一个小区住，抬头不见低头见的，多不好。于是，我就和儿子商量着把小汽车让给小女孩玩一会儿，儿子却把头摇得和拨浪鼓一般，才不管小女孩的哭泣呢!

我很生气，一把夺过儿子手里的小汽车，递给了小女孩。小女孩破涕为笑了，可是沛泽却不依不饶：“还给我，那是我的!”小女孩的妈妈见沛泽哭闹，也有些不好意思，又开始做女儿的工作，但小女孩也很固执：“我才玩，不给，就不给！”

该怎么办？有没有两全其美的办法？无意中，我瞥见楼下的秋千。“沛泽，妈妈带你去荡秋千吧，你不是最爱荡秋千了吗？”沛泽闷闷不乐地跟着我，时不时地回头看着小女孩手里的小汽车，还不忘嘱咐一句：“你要是给我弄坏了，我就揍你！”

平时，儿子最喜欢荡秋千了，但这次小家伙儿玩得并不开心，我知道他是迫于我的威严，才勉强让小女孩玩自己的小汽车，实际上他的心里是不愿意的。我这样做的结果只是缓和冲突，却不能从根本上改变儿子自私的行为。

这时小女孩的妈妈走了过来，从书包里拿出一包饼干：“沛泽小朋友，谢谢你给小妹妹玩小汽车，这是阿姨奖励给你的。”小女孩见妈妈把饼干给了别人吃，立马跑了过来，一把抓住饼干袋：“这是我的饼干，不给你吃，不给！”

“巧巧，你既然玩了小哥哥的小汽车，就应该把饼干给哥哥吃，否则，你就应该把小汽车还给哥哥。你选择哪一个呢？”妈妈的话让巧巧不知如何是好。想了一会儿，手松开了。沛泽有了好吃的饼干，也不再因为巧巧玩自己的玩具而难过了。不大一会儿工夫，两人就玩到了一起，一个扮演乘客，一个扮演司机，玩得不亦乐乎呢。

有了这次成功的经验，每每沛泽自私时，我就让他与别人分享自己的玩具或者美食。慢慢地，小家伙儿就明白了，只有分享，才能获得更多的快乐。

分享是克服自私的好办法

别说是孩子，就是我们成人，当你把心爱的东西与别人分享时，也不可能总表现得那么“大方”。所以，孩子的自私是可以理解的。

当孩子不愿意把玩具拿给别人玩，或者把食物拿给别人吃时，请不要强行把东西从孩子手里夺走，这样做只会让孩子更自私，不如试试分享的办法。当孩子体验到把自己的东西拿给别人，可以换回更好玩的东西时，这种愉快的感受就会让他乐于交换，他也就不再自私了。

延伸阅读：孩子自私，大人应该反省

幼儿自私主要是由年龄特征决定的，但是这也与周围的不良影响有密切关系。比如，有的家庭成员自私自利，爱贪图小便宜，或与人共事斤斤计较；也有的父母会嘱咐孩子：“别把东西拿到外面去，不然别人会玩的。”

这样的家庭环境以及教育方式必然会给孩子造成一定的影响，甚至有些家长会觉得孩子不知道护着自己的东西，就是傻，这些都导致了孩子的自私行为。

另外，物质生活的优越也是幼儿自私行为的一个推手。当孩子发现别的小朋友有好玩的玩具而自己没有时，就会哭闹，家长经常说的一句话就是：别哭，咱们买。缺少了分享的机会，也会助长自私的行为。

你妈妈的，真讨厌

当孩子骂人时，请不要急着给孩子扣上一个“坏小孩”的帽子，也许，孩子骂人只因为好玩，并不是有意地伤谁。

一天，我去幼儿园接儿子，在幼儿园门口，见到了同住一个小区的飞飞母子俩。我上前与他们打招呼，沛泽则和飞飞两个人走在上面，我和飞飞的妈妈走在后面。不知两个孩子是因为什么事情起了争执，飞飞突然骂了一句，“你妈妈的，真讨厌！”

听到从孩子嘴里吐出脏话，飞飞的妈妈先是一惊，然后很尴尬地向我道歉：“对不起，都是我没教好孩子！”飞飞似乎没有看出妈妈不高兴，嘴里依然不停地念叨。这让飞飞的妈妈更加难堪了：“住嘴，飞飞，你再说，妈妈生气了。”

本以为训斥孩子两句，孩子就会住口，不承想，小家伙儿不仅没有住口的意思，还回敬了妈妈一句，“你妈妈的！”这下，彻底让飞飞的妈妈失去了理智，狠狠地揍了孩子的屁股，结果，飞飞一边哭，嘴里还小声说：“你妈妈的！”飞飞的妈妈气得满脸通红，高高地把手抬起，我见状赶紧拦住了。

“你打孩子没有用，像飞飞这么大，学习模仿能力都很强，肯定是听到别人这么说，他学来的，你对他的脏话反应过度，他反而会更加起劲，不妨冷处理，慢慢地，孩子说脏话的情况就会消失了。”

“我可没有你那么冷静，孩子都这样了，再不管，就成混蛋了。”飞飞的妈妈不听我的劝阻，把孩子拉到了一边，又是打，又是训。孩子哇哇大哭，妈妈怒不可遏。

其实，孩子说脏话的现象非常常见，但是我不建议父母采取飞飞妈妈这样的教育方式，3—4 岁的孩子正在经历“诅咒敏感期”，假如你对孩子的脏话反应过度，反而会让他们觉得这一举动很好玩，就会屡试不爽，所以，不妨采取冷处理。

爱说脏话的小孩

看到飞飞的样子，让我有一种似曾相识的感觉。记得沛泽 2 岁左右的时候，也曾经和飞飞一样，把骂人的话挂在嘴边，当成一种游戏。当我第一次听沛泽说脏话时，我是那样的震惊，因为我和老公从来都不会说脏话，孩子是从哪里学来的呢？

事后想一想，孩子长大了，每天他接触的人和事多了，在外面和小朋友一起玩时，别人骂人，他也会很快学会，幼儿的模仿能力绝对超乎大人的想象。但是你又不能因为外面有苍蝇，就不打开窗户了吧？最重要的还是教育孩子分清哪些是应该学习的，哪些是不应该学习的。

当然，这对于一个 2 岁的孩子来说，并不是一件容易的事情。因为这个年龄段的孩子学习都是无意识的，不经意间就学会了一个坏习惯。一天，沛泽在家里玩玩具，嘴里又念叨了一句脏话。我立马放下手里的活，和沛泽来一次深入的交谈。

“沛泽，骂人好不好?”沛泽不假思索地回答：“不好!”可能有人会觉得纳闷：孩子明明知道骂人不好，可为什么还这样做呢? 这是因为孩子的自我意识中，骂人说脏话是别人做的，不包括他自己，他说这些脏话只是在模仿别人，只是好玩而已。这提示我们，当孩子骂人时，请不要用道德品质去衡量，而是应该积极地暗示宝宝：这种行为是不对的。

“沛泽，如果你骂人，妈妈会怎么样?”我继续引导他。儿子抬头看了看我，我故意做出生气的样子。他立马回答：“妈妈会生气。”“对，妈妈会生气，那阿姨、叔叔会生气吗?”“也会。”

“如果妈妈、爸爸，还有叔叔、阿姨都生气了，还会喜欢宝宝吗?”沛泽摇了摇头。“所以，沛泽要做一个乖宝宝，不能骂人，对不对?”沛泽点了点头。

通过这样的引导，孩子就会明白，如果骂人，就没有人喜欢自己了。当然，这一引导过程，有可能是反复的，不是一蹴而就的，需要父母有一定的耐心。

至于飞飞妈妈利用打屁股的方法让孩子戒掉骂人的坏毛病的方法，我坚决反对。因为这样做，也许能让孩子不再骂人，但是，这种情况只会发生在妈妈在身边的时候，迫于妈妈的威严，孩子暂时妥协。一旦妈妈不在身边，孩子就会故技重施。对于父母来说，这种打屁股的教育方法，犹如掩耳盗铃，而且还会让孩子扮演两面派的角色。

改变骂人的小孩

当孩子说脏话时，家长首先要做的不是举起拳头，而是应该分析孩子骂人的原因。对于 2 岁左右的孩子来说，在他看来，也许这就是一个好玩的游戏，他并不知道骂人会让人不悦，是一种非常不好的行为。

如果是这样，就应该让孩子明白骂人是不被允许的，不受欢迎的。当然这并不是要求家长厉声喝止，或者暴力相向。这样做，反而会激起孩子更大的兴趣，应该以说服教育为主。

但是，当孩子到了五六岁依然有骂人的行为，就不应该只晓之以理，动之以情了，适当的惩罚是必要的。比如，让孩子面壁思过，自己反省错在哪里。只有孩子真正认识到错误，才能改正错误。

延伸阅读：孩子骂人是生气的表现

当孩子在和其他小朋友争抢玩具，或者发生小摩擦时，脏话就会脱口而出。不要以为孩子是有意地伤人，其实，很多时候，骂人只是孩子发泄情绪的一种方式。关于这一点，不难理解。就是我们大人，在异常气愤的情况下，也会失去理智，偶尔“出言不逊”。

如果是这种情况，父母应该关注孩子不开心的原因，并引导他以恰当的方式来表达消极情绪，而不是命令孩子“不许说脏话”。

姑姑，幼儿园是关小朋友的地方

孩子之所以不喜欢幼儿园，与大人的错误教育方式有一定的关系。如果你能把幼儿园描绘成孩子的乐园，孩子能不喜欢吗?

同事小刘的孩子思思到了该上幼儿园的年龄，可是，思思却对幼儿园有着很强的抗拒。令小刘提到送孩子上幼儿园就头痛。“我是真没招了，该用的办法我都用了，吓唬也好，威逼利诱也好，许愿说好话也罢，都无济于事。”

周末加班，小刘将孩子带到了办公室。小刘嘱咐孩子说：“你老老实实地在座位上待着，不许乱跑，不然会被陌生人抓走。”思思恐惧地看了看办公室的人，然后重重地点了点头。

不过，对于一个3岁的孩子来说，让她安静地坐上一会儿，并非一件容易的事情。不一会儿思思就把妈妈的话抛在了脑后，在办公室里到处溜达，这里摸一摸，那里看一看，还不小心把一个同事的杯子打翻在地。

小刘见女儿不听话，就恶狠狠地对思思说：“你再不听话，明天我就送你去幼儿园。”这招果然灵验，小刘的话刚出口，思思就带着哭腔向妈妈求饶：“妈妈，请不要抓我去幼儿园。”思思的话让我一惊，孩子用一个“抓”字，形象地表达了自己对幼儿园的恐惧。

当孩子逐渐长大，都要上幼儿园。宝宝初次入园，往往都会哭哭啼啼，甚至大哭大闹，通常这样的情况会延续一周或者更长时间，这让许多家长感到头痛。那么，孩子为什么会如此抗拒幼儿园呢？除了不适应新环境外，也与家长的语言暗示有一定的关系。

就拿小刘和思思来说，平时小刘经常会用去幼儿园吓唬孩子："你不听话就送你去幼儿园。"这样的心理暗示是在告诉孩子：幼儿园是一个不好的地方，专门教训不听话的小孩。这样孩子当然就不喜欢去幼儿园了。

是谁让孩子害怕去幼儿园

我认为孩子上幼儿园之所以害怕，是因为孩子不知道幼儿园是一个什么样的地方。人类对陌生环境的恐惧，是与生俱来的，更何况是一个 3 岁的孩子呢？更糟糕的是，孩子从大人那里，并没有得到关于幼儿园的积极信息，相反，负面信息却很多。

弟弟的女儿娇娇上幼儿园之初，费了很大的劲，去了一个月了，每天早晨起来，还是哭哭啼啼的。对孩子来说，早晨就是痛苦的开始，弟弟实在不忍心看着女儿这么伤心，就把女儿送到我这里来，让我帮忙找找原因。

娇娇听说不用去幼儿园了，高兴得一蹦三尺高。"娇娇，你为什么不喜欢幼儿园呢？"一提到幼儿园，娇娇立马晴转多云："哼，幼儿园就是关小朋友的地方。"侄女语出惊人。"为什么是关小朋友的地方呢？"

"我爸爸说了，爸爸、妈妈要去上班，所以，我要去幼儿园。唉——"娇娇长长地叹了一口气，"要是爸爸、妈妈不去上班就好了。"侄女的言外之意，就是宝宝上幼儿园是爸爸、妈妈迫不得已的行为。我想孩子有这样的想法，一定与弟弟平时的教育方法有关系。与弟弟打电话联系之后，果不其然，每次送娇娇上幼儿园，他都会重复一句话：宝贝女儿乖，爸爸、妈妈要去上班，你就要去幼儿园。

另外，娇娇不喜欢上幼儿园，还有一个重要的原因。娇娇刚从外地转学到北京，人生地不熟，再加上孩子本身就胆小，家里老人带孩子时，经常教育孩子："你不能离开家长身边，不然外面的坏人会把你带走的，让你找不到爸爸、妈妈。"

对于娇娇来说，幼儿园是一个陌生、可怕的地方，因为那里有很多不认识的坏人。她会担心，有一天会不会被他们带走，找不到妈妈。

找到了娇娇的"病根"，对症下药就能药到病除了。每天早晨，我都会带着娇娇到外面去玩，让她接触更多的人，让她逐渐改变陌生人都是坏人的观念。而且我每次带她出去，都有意经过幼儿园，让她看看幼儿园里的小朋友是多么的开心，给她讲解幼儿园里有多么好玩的东西，有滑梯、有秋千、有小房子，还有独木桥。

一天，我带娇娇经过幼儿园时，正好赶上幼儿园放学，娇娇站在幼儿园门口不肯走。我知道她一定是想到里面去玩滑梯，于是，我带她进去了。在那里，她不仅玩了滑梯，还交了一个好朋友，她非常开心。

一个星期后，娇娇回去了，她竟然主动提出去幼儿园。现在小家伙儿已经完全适应了幼儿园的生活，每天开心得像只小鸟，叽叽喳喳地给大人讲在幼儿园里的趣事。

让每一个孩子都爱上幼儿园

孩子初次入园，往往都会哭闹，这与孩子年龄小，语言能力、交往能力以及心理承受能力不够成熟有一定关系。当然，这其中也与父母的教育失误密切相关。就像我的同事小刘，孩子一不听话，就用去幼儿园吓唬她，这样势必会让孩子害怕去幼儿园。

针对孩子不愿上幼儿园的情况，我建议家长早做准备。一是扩大孩子的交际范围，扩展孩子的生活圈子，让孩子改变认生的毛病，这是入园的基本功。二是多给孩子灌输正面的、积极的观念，告诉孩子为什么要上幼儿园，幼儿园里有哪些好玩的东西，让孩子对其产生兴趣，再入园就不会那么困难了。

延伸阅读：做通老师工作，是孩子爱上幼儿园的重要因素

我觉得让孩子爱上幼儿园，不仅孩子自身要努力，有些外部因素也至关重要。比如老师，如果孩子上幼儿园之后，发现老师很喜欢自己，这对他喜欢上幼儿园，也是一个积极的正能量。

因此，建议家长朋友们，在宝宝入园之初，要多和老师交流，包括孩子的生活习惯和脾气性格，这样老师才能对症下药地去关心、安抚宝宝，宝宝才能尽早地适应幼儿园的生活。

你做得不对，就要挨打

没有一个孩子天生喜欢打人，即便是打人，也有可能是受到了大人的不良影响，或者被大人误解。所以，当孩子有打人行为时，先不要急着教育孩子，找原因最关键。

两岁半的浩浩拿着一个小皮球在楼下的草地上玩，不一会儿，草地上又来了一个看样子年纪和浩浩差不多的小女孩，过来抢浩浩手里的小皮球。浩浩的力气很大，一把就把小女孩推倒在地，还用脚使劲地踢了两下。“你抢我的小皮球，我就打你！”小女孩坐在草地上哇哇大哭。

浩浩的奶奶看到浩浩打了邻居家的小孩，立马跑了过来，朝浩浩的屁股就是两巴掌。“这孩子脾气跟他妈妈一样，谁都敢打。她是小妹妹，你怎么能打她呢?”浩浩的奶奶认为打了孩子就是教育了浩浩，并把浩浩手里的球拿了过来，塞到小女孩的手中。

浩浩看到奶奶把球给了别人，生气地抓住奶奶的胳膊就是一口，浩浩的奶奶疼得大叫了一声：“你真是个混蛋，六亲不认，连奶奶都敢咬！”浩浩才不管奶奶的责骂，跑到一边去找小伙伴玩了。

不一会儿工夫，浩浩又把一个孩子打哭了。浩浩的奶奶没有办法，拉着浩浩上了楼：“你这孩子怎么这么爱打人呀，以后我不允许你和小朋友一起玩了。”

眼前的这一幕，很多家长都很熟悉。有些时候，我们为了教育孩子，当孩子出现攻击性行为时，就会用一些暴力的手段来加以制止，以为这样做，就可以纠正孩子的攻击性行为。

殊不知，这样做只会让孩子变本加厉。孩子具有很强的模仿行为，当他犯了错误，家长打他时，他很快就会把这一模式复制到其他人身上，以致孩子的攻击性行为愈演愈烈。

被错怪的孩子

打人的行为，在成人看来，是一个不可饶恕的行为，是必须禁止的行为。实际上，对孩子而言，打人也许只是一个游戏，一种表示友好的方式，或者是表示生气的信号，并不像成人认为的那样“罪不可赦”。

打人这个行为，几乎在每个孩子身上都会发生。沛泽一岁半到三岁的这个年龄段，也经常打人。沛泽小的时候，经常和他在一起玩的小孩中，有一个叫天天的小女孩，小女孩长得像瓷娃娃，非常可爱，人见人爱。可是，沛泽对这个小女孩却非常“反感”，只要和天天在一起，沛泽都会打小女孩的头，弄得我十分尴尬，同时心生疑惑：儿子从来不打人，为什么单单打天天呢？而且每次都打小女孩的头。

经过我的细心观察，我发现沛泽其实不是打天天，而是喜欢天天头上的小发卡。他还不知道如何去表达喜欢，所以就会用手去打。一次，我把天天头上的发卡摘了下来，沛泽站在天天面前，左看右看了很久，他并没有动手打天天，看来小家伙儿是在寻找发卡，他喜欢发卡，只是想摸摸而已，并不是有意要打天天。

“沛泽，妈妈知道你喜欢小姐姐的发卡对吗？来，你伸出手来摸一摸好吗？”我把发卡戴在天天的头上，拉着沛泽的小手，轻轻地摸了摸。“记住，不能用力，不然天天会痛的。”沛泽点了点头，从那以后，沛泽再也没有打过天天。

还好，我是一位细心的妈妈，没有责备孩子的无知行为。平时我经常看到有的父母见孩子打人，上去就是一巴掌，虽然打不疼，但是孩子还是会有这样的疑惑：你总是不让我打人，为什么你打我呢？家长的这个行为，不是让孩子不去打人，恰恰相反，他是在给孩子做榜样，告诉他怎么去打人。

那天，我在散步的时候，碰到了祖孙俩，奶奶正在生气地质问孙子：“你为什么又打人了？奶奶不是告诉你不许打人的吗？”小男孩却理直气壮地回答：“他做错了，就要挨打！”“谁告诉你做错事就要挨打呀？”

很显然，奶奶对孙子的这个回答很是意外。小男孩继续一板一眼地说：“我打碎了花瓶，你不是打了我的屁股吗？还有，我摔跤的时候，你不是打地板了吗？”

听了孙子的话，这位老人哑口无言，不知如何回答孙子的话。是呀，平时我们总教育孩子不要这样，不要那样，总以为婆婆妈妈地多说几遍，孩子就会听。可是，你是否知道，言传不如身教，我们的身体行为又教会了孩子什么呢？

孩子攻击性强怎么办

发现孩子有攻击性行为时，不是要以暴制暴，让孩子因为害怕挨打，不去打别人。这样做只能治标不治本，而且还会给孩子埋下暴力的种子。

最佳的方法是，耐心地与孩子进行交流，弄清楚事情的原委，然后教给孩子相应的、正确的处理方法。很多时候孩子打人只是为了争抢玩具，大人只要出面进行调解，就可以化干戈为玉帛。

然而，有些家长为了不让孩子在外面受欺负，出现被抢玩具的情况时，都会让孩子回家自己去玩。这样做，一来对孩子的健康成长不利，二来也会影响孩子的人际交往。这是非常不可取的方法。

延伸阅读：别把孩子的错归结为遗传

当孩子出现问题时，人们总是习惯把问题归结到性格遗传上，就像本文开头浩浩的奶奶说的："这孩子脾气跟他妈妈一样，谁都敢打……"这种做法实际上是替孩子的不良行为开脱，是一种不负责任的表现。

还有，这样说无非就是说，孩子这样是受遗传影响，是没有办法改变的。其实不然，孩子的可塑性很强，遗传只是为孩子的发展提供了一个基础，教育才是关键因素。更重要的是，千万不要在孩子面前损害孩子父母的形象，久而久之，就会让孩子做出不尊重父母的事情。

这不是我弄坏的，是小狗弄坏的

如果孩子说谎，却能令你信以为真，那么，真的要恭喜你，这说明你的孩子很聪明。

下班回家路上遇到一对母子，妈妈把手高高扬起，大声呵斥孩子："这么小的孩子怎么还学会说谎了，不学好就该打屁股。"孩子看起来有 3 岁左右，他双手揪紧自己的衣角，不停地搓脚，边哭边辩解说："这不是我弄坏的，是小狗弄坏的。"

看到这一幕，我的心紧张地揪在一起，真担心妈妈高高扬起的手会落下来。我很想走过去，对这位妈妈说，别发这么大的火，孩子说谎并不像你想象的那样糟糕。很多家长发现孩子说谎，都会很紧张，因为他们常常把说谎与道德品质联系在一起。实际上，这与道德品质毫无关系。

细心的家长会发现，身边的小孩几乎都会说谎，因为这是每个孩子成长都要经历的过程。对于 3 岁左右的孩子而言，这个阶段正好是孩子认知功能发展的关键时期，而且认知功能发展越健全的孩子，编谎话的技巧越高明。

所以，如果你的孩子说谎，却能令你信以为真，那么，真的要恭喜你，这说明你的孩子很聪明。这有可能是早慧的体现，更是脑部快速发展的迹象，而且随着孩子年龄的增长，很多孩子会慢慢改掉说谎的毛病。

孩子说谎的背后有故事

一次，儿子把牛奶倒进了鱼缸里，可他一口咬定，牛奶是邻家的小妹妹倒进去的。从儿子的表情中我敢肯定这事是儿子干的，但见他坚决否认，我并没有“严刑”逼问，而是采用了缓兵之计。

“儿子，听老师说，你今天在幼儿园里表现得很好，是吗?”我拉着儿子走进卧室，慢慢安抚他的情绪。

“是，老师还奖励我一朵小红花呢。”没等我问他原因，儿子就迫不及待地告诉我，“因为明明的画笔不见了，我把画笔借给了他。”

“儿子真是个好孩子。”得到我的夸奖，儿子显得很高兴，“可是，今天妈妈上班的时候却犯了一个错误。”

儿子听说我犯了错误，很是好奇地问我怎么回事。“妈妈不小心把领导的水杯打坏了。”当我把事情告诉儿子之后，儿子有些紧张：“有没有打屁股啊?”

“为什么要打屁股呢?”

“我弄坏了眼镜，奶奶就打屁股。”

“你告诉妈妈，是不是你怕打屁股，所以说牛奶是妹妹倒的呢?”儿子低着头不说话。

“妈妈不会打你的屁股，因为你不是故意的，对吗?”我轻轻地抚摸着孩子的头，鼓励他。过了一会儿，儿子点了点头。

“儿子是个诚实的好孩子，但是下次不允许把牛奶倒到鱼缸里了，否则，妈妈会揪你的小鼻子。”我开玩笑地用手揪了儿子的鼻子一下，儿子咯咯地笑了。

通过这件事，受教育的不仅是儿子，还有我。它让我认识到：孩子之所以会说谎，是因为以前有过不愉快的经历。

切勿“严刑”逼供，应用缓兵之计

美国著名儿童心理学家基诺特分析儿童说谎的原因时说：“说谎是儿童因为害怕说实话挨骂而寻求的避难所。”三四岁的孩子已经有了一些基本的是非判断，当他们发现自己做错事时，为了逃避惩罚，就会说谎。

处理孩子的撒谎问题时，家长应从以下几个方面入手。

首先，不要“严刑”逼供，采用缓兵之计。

有些家长发现孩子说谎，总是想方设法让孩子承认，大声呵斥或者棍棒相加，以为这样孩子就会因为害怕而承认错误。事实往往会适得其反，逼得孩子把谎话编得越来越圆。不妨采用缓兵之计，先安抚孩子，让孩子的情绪慢慢平息下来，为接下来的沟通创造条件。

其次，营造说真话的环境，不妨“以身试法”。

孩子因为害怕挨打才说谎，那么，家长先要承诺不打孩子，告诉孩子每个人都会犯错误，犯错不可怕，只要下次注意就行了，但要勇于承认错误，做个诚实的孩子。

最后，及时给予表扬。

如果孩子承认了错误，家长要及时给予表扬，给孩子积极的心理暗示，有利于帮助改正错误。

延伸阅读：说谎的孩子什么样

有时孩子的谎言可以以假乱真，让大人无所适从。判断孩子是否说谎可以从其肢体行为上进行分析。

安慰行为：双手揪紧衣角或把玩某件小物件，手有意识地摩挲着脖子，不停地搓着脚。

躲藏行为：比如一群孩子中，有一个孩子总低头，显得特别安静，把头与手藏起来，他觉得这样能让自己不被发现，不显眼。

妈妈，我不想叫叔叔、阿姨

害羞是儿童中极为普遍的现象，这一现象的背后往往有很多故事，读懂故事，问题也就迎刃而解了。

周末带儿子去游乐园玩，游乐园的小朋友真多，孩子们欢快地跑来跑去。儿子性格外向，不大一会儿就和几个年龄相仿的孩子玩在了一起，我在一旁观看。这时，有两位年轻的妈妈领着孩子也来到了这边。

“芳芳，这是李阿姨，快叫阿姨!”一个留着波浪头的女子拉着一个小女孩，小女孩害羞地躲到了妈妈的身后不敢出来。女人几次想把孩子从身后拉出来，都没有成功。女人有些着急：“你这孩子见到长辈怎么不知道和别人打招呼呢？太没礼貌了。”

女人的责备，令小女孩更加害羞，无论女人作怎样的努力，小女孩都不肯出来。女人只能作罢，不好意思地与朋友解释起来：“我家芳芳特别害羞，在幼儿园的时候也这样，老师上课提问，她会的问题也不敢举手，就是在家里，我让她给我讲个故事听，她都害羞得满脸通红。”

两个女人寒暄了几句，就让孩子们去玩滑梯了。可是过了好一会儿，我见那个叫芳芳的小女孩还站在滑梯下面，迟迟不敢上去，低着头，掰自己的手指。我想这个小女孩肯定也想玩滑梯，只是看到滑梯上的小朋友太多了，她不好意思上去而已。

生活中，我们随处都可以看到类似芳芳的害羞小孩，在面对新情境和陌生人时，往往会显得腼腆、易受惊、胆怯、犹豫或过分沉默。害羞是人类的一种自卫策略，它是人类与生俱来的一种行为特征，在儿童中极为普遍地存在。

如果孩子过于害羞，就会较少与人建立关系，变得孤单。更重要的是，不能让孩子表现出真正的自我，对人格发展有一定的影响。

孩子害羞为哪般

几乎每个孩子在成长的某个阶段，都会出现害羞的情况。孩子害羞该怎么办？很多家长在孩子面对陌生人不敢打招呼时，都会强行拉孩子过来："快叫叔叔、阿姨！"当孩子不吭声时，家长就会非常急躁地指责孩子："这孩子怎么这么窝囊，见到人都不敢说话，真没用！"这样做的结果会让孩子越来越见不得人，越来越不喜欢与人交往。

沛泽小时候特别顽皮，看到谁都不怕，喜欢和别人闹着玩。但是当孩子上幼儿园之后，我发现孩子变了，变得害羞了，见到陌生人，总是不由地躲到我的身后，我叫他出来，与人打招呼，他总是扭扭捏捏的，甚至干脆不理我。

孩子为什么会突然发生这样的变化呢？一次，我与幼儿园老师谈起沛泽的变化时，老师告诉我，一天，老师让沛泽当着小朋友们的面，唱一首新学的歌，沛泽唱得不是很好，小朋友都笑他声音难听，沛泽小小的自信心受到了伤害，从此便"萎靡不振"了。

还有一次，沛泽一个人拿着故事书讲故事给自己听，当我凑近时，沛泽突然戛然而止，而且羞得满脸通红，连忙央求我快点走开："妈妈，我不要你听，不要你听！""为什么不要妈妈听呢？妈妈可喜欢听你讲的故事了，声音那么好听，我都陶醉了。"我作出一副十分欣赏他的样子。

"真的吗？小朋友们都说我的声音好难听，像小乌鸦。"儿子半信半疑地看着我，委屈得眼泪都要掉下来了。"也许是你那次表现得不好，但只是一次有什么关系呢？我相信儿子一定很棒的，不信，你把故事讲给妈妈听。"

在我的鼓励下，沛泽动情地讲了起来，虽然还有些紧张，但是我知道他已经很努力了。"你做得很不错，只是还有一点儿紧张，没关系的，讲错了也不要紧，妈妈支持你！""妈妈，我的声音真的不难听吗？"儿子还是有些不相信我的话。

"如果你不信，就叫爸爸来听一听怎么样？"儿子想了一会儿，同意了我的意见。在得到老公的认可后，沛泽的信心大增，故事也讲得更加流利了。

通过这件事，让我意识到，一个自信心十足的孩子在众人面前是不会害羞的。所以，我非常注重孩子自信心的培养。在培养孩子自信心的时候，一定要结合幼儿的特点。幼儿期的孩子爱提问、爱模仿、爱做游戏，凡事喜欢争着做，并按自己的想法去做，虽然有时会非常调皮、不听话，但我认为这是培养孩子自信心、自主性发展的最佳时机。

所以，孩子力所能及的事情，我绝不代劳，虽然有时候他做得并不是很好，但我不会插手。这是一个过程，孩子需要去锻炼。孩子有自信了，害羞的问题自然迎刃而解了。

让孩子不再害羞

每个孩子都可能出现害羞的情况，虽然表现大同小异，但是害羞的原因却是各不相同。所以，要让孩子变得大方起来，还要找出害羞的根源。

就沛泽来说，他害羞是因为缺乏自信。要改变这类孩子的害羞，应注重培养孩子的自信心，培养孩子的自信心就要从身边的小事做起，给孩子一定的自主权，不要担心孩子这做不好，那做不好，事事代劳，多尊重孩子的意见，多给孩子自主的权利，害羞就能得到改善。

另外，有些孩子害羞是与缺乏社会交往有一定关系的。通常老人带孩子，总是担心孩子会与别人发生摩擦，在外面受欺负。所以，更多的时间，孩子是一个人玩，这样的孩子就容易在公众场合害羞。针对这一点，提供交往机会，多带孩子串串门，多参加集体活动，是改变的关键。

延伸阅读：一分为二地看待孩子的过错

孩子犯了错误，你会怎么做？多数家长会选择批评教育，让孩子杜绝同样的错误再次发生。我认为这样做并不是十全十美。十全十美的做法是辩证地分析孩子做错事的原因，以及背后的动机。

举个例子来说，当宝宝擦桌子时，不小心把杯子碰到了地上，摔碎了，如果家长任意指责，就会使孩子变得胆小，以后不敢再帮妈妈做事了，也会因为怀疑自己的能力而变得害羞。所以，我们应该首先看到积极的一面，孩子做家务是好事，犯了错误是可以原谅的。然而，很多人的教育却是本末倒置。

别理我，心情乱糟糟的

在季节交替的时候，多关注孩子的情绪变化，如果一向性格温顺的孩子变得脾气暴躁，就应该考虑是否是季节性情感障碍惹的祸。

“我的车子坏了，你赔，你赔!”默默哭着跑向妈妈，向妈妈哭诉自己的“悲惨”遭遇。原来默默的小汽车被另外一个小朋友摸了一下，默默就大哭大闹起来。默默的反常行为令周围熟悉她的人都感到奇怪。“这孩子怎么回事，平时都很大方，最近怎么这么小气，什么东西都不让别人碰，还动不动就发脾气。”

“唉，不知怎么搞的，最近我女儿一点也不乖，总是爱发脾气，稍有不顺心的事，又哭又闹。昨天，还把我的手机重重地摔在地上。”默默的妈妈向众人解释最近以来女儿的状况。

也许是因为听到别人在批评自己，默默更加生气了，不停地跺脚，大声地喊道：“你们别说了，别说了，烦死了，烦死了!”“你太不像话了，脾气越来越大，你再这样，就回家去，不许你和小朋友一起玩了。”默默的妈妈被女儿的无理取闹彻底激怒了。

不知大家是否有过这样的体验：原本很听话的孩子，突然在一段时间内变得脾气暴躁起来，无论你做什么事情，都无法让他开心，他看什么都不顺眼，总是要发脾气，而且这种情况往往在过一段时间后，又恢复正常。如果是这种情况，就应该考虑孩子是不是患上了季节性情感障碍。季节性情感障碍多发于春、夏两季，秋、冬季也有许多儿童会患上，一般来说不会对儿童造成什么损害。

爱发脾气的“坏小孩”

别以为烦恼只有成人才有，别以为季节性情感障碍这一时髦的心理疾病，只会发生在成人身上，孩子同样会被殃及。值得注意的是，关于这一点，很多家长忽视了。我也曾经因为孩子莫名其妙的烦恼而感到头痛，甚至忍不住打了孩子的屁股。

记得有一年深秋，沛泽上幼儿园已经有好几个月了，一切都很顺利。突然有一天，沛泽吵着不要去幼儿园，我以为他在幼儿园受到了小朋友的欺负，或者老师批评了他，但是儿子的头摇得像拨浪鼓一样，都给否定了。

“那你到底为什么不去幼儿园呢?”眼看着我上班的时间就要迟到了，沛泽还在与我讨价还价。“我不去幼儿园行不行?”如果是平常也就算了，那天我刚好有一个重要的会议，容不得儿子的撒娇。我态度坚决地告诉孩子：“你必须去幼儿园!”

结果，孩子比我的脾气还大，跺着脚，冲我就吼了一嗓子：“不去，就不去，我说不去就不去!”看情况，一时半会儿是做不通孩子的工作了，干脆霸王硬上弓，我强拉着儿子去了幼儿园，不顾他的哭泣，毅然决然地去上班了。

还没到下班的时间，幼儿园老师就给我打来电话，说沛泽在幼儿园里非常不乖，先是在老师的衣服上泼上了墨汁，接着又把两个小朋友推倒，最后，竟然自己先大哭起来，那架势有点惊天地泣鬼神。老师怎么哄都哄不好，只好给我打电话。

会议只开了一半，我就在老总的白眼下，悄悄地溜走了，心情那个不爽。看到儿子，我的心情更加糟糕："你今天在幼儿园的表现很糟糕，我很生气。"我刚批评了一句，小家伙儿就开始急不可待地顶嘴："别理我，心情乱糟糟的！"本来就是耐着性子，我刚一开口就碰了一鼻子灰，气愤之下，失去了理智，手一起一落，巴掌就打在了儿子的屁股上。儿子更加的不依不饶，撒欢似的与我"斗争"起来。

我本以为过两天，孩子的心情就会好转，可是一连两个星期，孩子总是动不动就发脾气。老公担心孩子身体出了什么问题，让我带儿子去检查。听老公这么一说，我也开始忧心忡忡。好在检查之后，一切正常。向医生问及我儿子发脾气的原因，医生幽默地说了一句："都是季节惹的祸。"

之后，儿子再发脾气时，我没有去呵斥他，而是给予他一定的空间，让他尽情地发泄。心情好的时候，我会带着他多到外面走一走，晒晒太阳，并且在与沛泽的聊天中，我得知，儿子其实不是很喜欢上幼儿园。

"妈妈，我以为上幼儿园就是玩滑梯、过山洞、荡秋千，可是，还要被老师管，不好玩。"看来，这也是儿子发脾气的一个重要原因，只是我太粗心了，没有发现孩子的异常。

顺其自然度过季节性情感障碍

季节的变化本来是很平常的事，但在转变的过程中，人体为了适应环境的变化，就有必要对自己的身体机能继续调适。因为个体差异等方面的原因，有些儿童就会出现短暂的情绪波动，称之为儿童季节性情感障碍。

当然，季节转换只是诱因之一，也与一些不愉快的事情紧密相连。比如，我儿子在幼儿园里的出格表现，就与他不喜欢老师的管教有关。因为讨厌去幼儿园，所以，他把情绪一股脑儿地发泄在了老师、同伴的身上。

一般情况下，儿童患上季节性情感障碍后，家长不用太惊慌。持续一段时间，孩子就会痊愈。在此期间，家长要陪陪孩子，一起散散步，晒晒太阳，对其情绪进行梳理，这有助于孩子早日康复。

延伸阅读：儿童患上季节性情感障碍有哪些表现

儿童患上季节性情感障碍多表现为对事情悲观、失望，无精打采；不爱说话，不爱与人交往；嗜睡，早晨很难醒来；情绪容易激动，动辄就与人吵架；注意力不集中，懒得动手、动脑；感觉身体不适，如头痛、胃痛等。

在季节交替的时候，如果出现以上情况，家长就应注意，考虑是否是季节性情感障碍惹的祸。

妈妈，天鹅带着我飞回家

你的孩子经常会有天马行空的想法吗？如果是，千万不要打击他，因为他有可能是未来的安徒生。

嫒嫒的妈妈和我正在门口聊天，嫒嫒伸开双臂，像一只小鸟一样“飞”进家门。“宝贝，你回来了？谁接你回来的？”“妈妈，是天鹅带着我飞回家的。”孩子模仿着天鹅飞翔的样子给我和她妈妈看。

“你这孩子满嘴跑火车，哪里有天鹅？整天撒谎。”嫒嫒的妈妈批评了女儿的不诚实行为。嫒嫒嘟着小嘴巴，进了房间。

“这孩子最近也不知道怎么了，整天说谎话，一会儿说天鹅带着她回家，一会儿又说老师给她吃了一个蓝色的苹果。我说过她很多次，可她总是这样，说话不着边。”嫒嫒的妈妈苦恼地摇了摇头。

“妈妈，你好烦！”嫒嫒打开门，冲着妈妈喊了一句，又迅速把门关上了。“你瞧瞧，我批评她，还生气了！”

可能很多家长都和嫒嫒妈妈一样，对孩子满嘴跑火车的行为感到苦恼的同时，也非常不解。在我看来，这完全没有必要苦恼，反而应该庆幸，这说明你的孩子是非常富有想象力的。

爱因斯坦曾说过：“想象力远比知识更重要。”孩子在5

岁左右的时候开始出现具有创造性的想象力，就像媛媛说的“天鹅带着我飞回家”。对于孩子的想象力，大人总认为孩子在说谎。

其实，孩子并不是说谎，只是他的思维水平有限，很难分清现实和想象的区别，会误把想象当成现实。如果此时家长否定孩子的想象，孩子就会认为这是对自己的否定，使其自尊心受到伤害，这也是媛媛在受到妈妈批评后，生气的最重要原因。

儿子天马行空的想法

想象力是思维的翅膀，当孩子天马行空般想象时，我们不应该急着去制止，而要帮助他，把想象更加完善，和宝宝一起去闻一闻天空的味道。

沛泽一岁半的时候，就已经有了想象力，他会学着我的样子，拿擀面杖在面板上滚来滚去，嘴里嘟嘟囔囔地说：“包饺子，包饺子。”“沛泽，你会包饺子了，太棒了，你能给妈妈尝一尝你包的饺子吗?”

儿子小心翼翼地捏起一个“饺子”，假装放在我的嘴里。“香，香!”我也很配合地吧唧吧唧嘴。“真香，儿子包的饺子真香，太好吃了，你让爸爸吃一个吧。”沛泽再次从面板上捏起一个“饺子”，放到老公的嘴里，老公也很配合地吧唧一下嘴，沛泽很有成就感地拍拍手。

对于两岁左右的宝宝来说，他的想象力还比较简单。比如，儿子有时会骑着小板凳开汽车，或者喂玩具鸭子吃饭，这只是孩子想象力的最初阶段，就像一颗刚刚发芽的种子，一定要好好保护，它才能最终长成参天大树。

所以，每次我都很配合宝宝，在宝宝想象的天空里充当他所需要的角色。当宝宝喂玩具鸭子吃饭时，我会扮演小鸭子的角色："主人，谢谢你，你的饭很好吃，再喂我一口吧。"

当沛泽四五岁的时候，他可以称得上是一个想象小天使了，他的脑子里总会随时出现很多稀奇古怪的想法。一天，我带着他开车去公园玩，半路上堵车了，沛泽坐在车上开始发挥想象："妈妈，这汽车要是能长出翅膀就好了。""为什么呢？""因为汽车长出了翅膀，堵车的时候，就可以飞起来了，我们就可以早点去公园了。"

孩子有丰富的想象力是好的，但是有时他也会因为无法分清想象与现实而感到苦恼。一次，在看《葫芦娃》时，看到蛇精把葫芦娃一个一个地抓走了，沛泽竟然哭了。"妈妈，葫芦娃太可怜了，被蛇精都给逮住了，他们会不会死啊？妈妈，你说会有医生去救他们吗？"

儿子的情绪是敏感、细腻的，我知道此时他的心里一定很难过，他需要我的同情与支持。于是，我对他说："是啊，葫芦娃真可怜，妈妈知道你心里难过。不过，葫芦娃是不会被杀死的，他们被抓住只是暂时的，因为坏人不会战胜好人的。"

"嗯，妈妈我也觉得蛇精不会打败葫芦娃，葫芦娃很厉害的。"在我的开导下，儿子的情绪有了好转。在成人看来，孩子们的喜、怒、哀、乐是令人难以捉摸的，他们的情感更为细腻、敏感，更需要成人的安慰、理解与支持。

让孩子插上想象的翅膀

现实生活中的许多发明创造，都是从想象开始的。想象力是思维的翅膀，一个富有想象力的孩子，其未来是不可估量的。所以，家长在孩子很小的时候，就应该注重想象力的培养。

想象是游戏中不可缺少的，游戏又是发展幼儿想象力的重要手段。拿着一根筷子，这里敲一敲，那里打一打，这看似不经意的行为，却是孩子积累想象力素材的最佳方式。所以，请不要总是责怪孩子的捣蛋行为，只要不会对他构成伤害，就随他去吧。

当然，在游戏的过程中，父母也应该扮演着重要的角色，因为父母的加入可以给孩子提供丰富的刺激。比如，当孩子抱着布娃娃时，家长可以在一旁旁敲侧击："布娃娃是不是要睡觉了呢?"一句话就能引起孩子一连串的想象，想象妈妈是如何哄自己睡觉的，想象布娃娃睡觉会是什么样的。良好的刺激是宝宝展开想象的基础。

总之，只要有孩子，建议家长就应该和孩子一起天马行空地想象一番，一起去感受丰富的想象的世界。

延伸阅读：让孩子在游戏中丰富想象力

游戏是儿童学习的最佳方式，同时也是培养丰富想象力的最佳途径。那么，哪些游戏有助于培养孩子丰富的想象力呢?

1. 涂鸦

一张纸、一支笔，让孩子随意在上面涂鸦，无须刻意追求涂鸦的水平，只是通过绘画唤起宝宝对接触过的事情的记忆，并由此展开丰富的想象。在涂鸦的过程中，不要去打扰孩子，尽情地让他去画，也许他所描绘的是一个我们成人所不能理解的世界。

2. 填色

给宝宝提供一些黑白图片，让他给图片填充不同的颜色。这个小游戏一方面能激发宝宝画画的兴趣，一方面通过对图片颜色的填充，来了解他对图片中事物的理解能力。

3. 看图编故事

给宝宝拿一本有图画的书，让宝宝展开想象，想象里面的人发生了怎样的故事，并把它讲出来，给爸爸、妈妈听。无论宝宝的想象多么离谱，都不要笑他，只要他能把一件事情叙述清楚就可以。

我不听话，妈妈说我是坏孩子

如果你想让你的孩子变得乖巧、听话，这是一件很可怕的事情。因为你正在让一个天才变成庸才！

几个五六岁的孩子拿着彩色粉笔在地上画画，就在小家伙儿们津津有味地画画的时候，走过来一位老奶奶，她看了看孩子们的画，吃惊地对孩子们说："你们怎么把苹果画成了蓝色，而且还长在花盆里。苹果是红色的，是长在树上的……"老人耐心地给孩子们解释。

如果你是一位孩子的家长，当你听到老人这样告诉你的孩子，你会支持老人的做法吗？恐怕很多中国的家长都会觉得老人说得很有道理，没有什么问题。不过，我们却忽略了一个问题：为什么要让孩子听我们的话？我们的话就一定是正确的吗？

很多时候，我们都会对孩子们说："宝宝乖，你要听爸爸、妈妈的话，那样爸爸、妈妈就会喜欢你，会给你买好玩的玩具。"总之，听话才是好孩子的标准。其实，这个标准只不过是我们成人自私的做法。因为听话的孩子好带，能省去很多麻烦。可是，我们却因此剥夺了孩子的快乐，使他放弃了很多天真、可爱的想法，变成了大人手里的木偶。

当有一天，孩子长大了，家长们又会抱怨：我的孩子干什么都不行，找工作还需要我托关系，真不让人省心。其实，这不是孩子的问题，而是家长教育理念的问题。我们从小就教育孩子听话，才导致了他们办事能力不足。

就像孩子们画蓝色的苹果一样，你为什么非要纠正他呢？也许，有一天，孩子真的能培育出蓝色的苹果，将苹果种在花盆里。遗憾的是，孩子还没有动手，甚至连想象的机会，大人都没有给他，早早地就剥夺了他的创新想法。

没有主见的小恩

我和老公都喜欢有个性的孩子。所谓有个性，在我看来，就是有自己的主见，有自己的想法。可是，现实生活中，很多家长会把这样的孩子看成淘气包，说孩子不听话，固执己见。好友文就非常反对我的看法。

一次，我和好友文带着各自的宝贝去逛商场，文想给女儿小恩买一条裙子。“小恩，你喜欢哪个颜色的裙子，是红色，还是黄色，或者是蓝色呢？”站在琳琅满目的货架前，小恩摇了摇头：“我不知道，妈妈给我选。”文选了一条红色的连衣裙：“小恩，你看这条怎么样？”小恩没有说话，似乎有些不知所措。“给你买衣服，你都不知道要什么颜色的，算了，就这条了。”文没有耐性再和女儿商量，拿起一条红色的连衣裙就去付账。

逛街逛了一半，沛泽嚷着要吃冰激凌：“妈妈，我要吃草莓味的冰激凌。”我答应给沛泽买，转过头问小恩：“你喜欢吃什么味道的冰激凌呀？”小恩听说给她买冰激凌，很高兴，拍着手说：“我喜欢吃奶油味的。”“吃什么奶油味的，那又不是真正的奶油，对身体不好，你和哥哥一样吃草莓味的吧。”就这样，在整个逛街过程中，小恩唯一一次的自我做主还让妈妈给拒绝了，不过小恩并不哭闹，只是沉默不说话。

带着孩子逛街太累了，所以，我和文决定让孩子在儿童寄放专区玩，在那里有引导员带着孩子玩玩具，作沙画，跳韵律操，很不错。等我和文酣畅淋漓地逛了一个半小时后，去接孩子时，沛泽还意犹未尽，说什么也不乐意离开。“好吧，如果你不愿意离开，那就再玩10分钟吧。”

小恩则乖乖地站在了妈妈的身边。10分钟后，我去接沛泽，沛泽依然不愿意离开，嘟着小嘴巴说：“妈妈，我能不能再玩5分钟，就5分钟。”我犹豫了一下，还是答应了孩子。“好吧，不过只有5分钟时间了，你不许再耍赖。”

“唉，我现在都不知道小恩是乖巧，还是不正常。”文看了看站在身旁的女儿，小声地对我说，“人家孩子都知道和大人讲条件，可我家小恩你让她干什么就干什么，即使不高兴，也不表现出来，就一个人生闷气。很多时候，都要靠我猜她在想什么，你说这孩子是不是不正常啊?”

见朋友认识到了女儿的“与众不同”，我好心建议她：“你对待女儿太强势了，她很怕你，所以不敢表现出自己的想法，久而久之，孩子就会失去主见，这对孩子成长不利，你还是多给孩子些自主的权利吧。”

培养一个有主见的孩子

大部分中国家长都比较喜欢“听话”的孩子，表扬孩子的时候也经常把“你真听话”、“你真乖”放在嘴边。殊不知，太听话的孩子往往缺乏主见，就像小恩一样，什么事情都要妈妈来替她选择，这并不是孩子懒，是因为她不知道如何选择，平时家长很少给她选择的机会。

培养一个有主见的孩子，最重要的一点，父母要尊重孩子的选择。哪怕孩子的选择与你的意见相左，但是只要不会对孩子的成长不利，尊重孩子又何妨呢?

另外，有些孩子过于听话，与父母经常吓唬孩子有关，导致孩子胆小，做事畏首畏尾，不敢自己拿主意。所以，教育孩子时千万不能吓唬孩子，表面上看孩子是乖了，但是对孩子的心理影响却是深远的。

延伸阅读：听话的孩子不一定是好孩子

当下，有教育专家提出这样的观点：淘气的男孩是好的，淘气的女孩是巧的。我认为这非常有道理。如果一个3岁的孩子不反抗，那才是有问题。

著名的德国心理学家海查曾做过如下的实验：他对2—5岁时有强烈反抗倾向的100名儿童与没有这种倾向的100名儿童追踪观察到青年期。结果发现前者有84%的人意志坚强，有主见，有独立分析、判断事物和作出决定的能力。而后者仅有26%的人意志坚强，其余的人遇事不能作决定，不能独立承担责任。

通过这个实验，我们有理由相信：听话的孩子不一定是好孩子，只有那些不听话的孩子才能突破更多的规矩，有所创新。

奶奶，我不想一个人玩

每个孩子都有与人交往的意愿，大人不要因为自己的“私心”去剥夺孩子们交往的权利，不然，孩子就会变得越来越孤立、形单影只。

院子里有三个孩子正在玩奥特曼的游戏，三岁半的松松拉着奶奶的手散步，走到三个小伙伴身边时，松松流露出羡慕的眼神，很想加入其中。于是，松松就站在了小伙伴们的身边。这时一个“头领”说话了：“你走开，我们不想和你一起玩。”

松松被拒绝后，心里很不高兴，噘起了小嘴巴，但他依然没有挪动脚步，站在那里一动不动。这时另一个孩子走了过来：“你不会玩，快走开！”并用手轻轻地推了松松一把。松松的奶奶看到后，很不高兴，对松松说：“他不跟咱们玩，你自己玩，谁稀罕他们呀！”三个孩子见奶奶生气了，吐着舌头，做着鬼脸，跑开了。

松松见小伙伴走了，气得哇哇大哭起来：“奶奶，我不想一个人玩。”“你这孩子，一个人玩有什么不好，跟他们一起玩，会欺负你！”松松的奶奶拉着孩子走开了，松松的眼睛还望着小伙伴跑开的方向。

每位家长都喜欢自己的孩子合群，然而孩子是否合群不是天生的，而是通过后天的学习、教育培养逐步取得的。可以想象一下，如果松松的奶奶总担心孩子和别人玩会吃亏，阻止孩子跟别的小朋友在一起，久而久之，孩子就会变得孤僻、不合群。

为了使孩子成人后有一个良好的人际关系，从孩提时代，父母就应该注意培养孩子的交往能力，尽量多地提供孩子与外界接触的机会。尤其是当孩子三四岁之后，孩子与小伙伴相处的愿望会更加强烈，此时是培养孩子合群的关键时期。

孩子的事自己做主

现在的家长总害怕孩子在外面受到欺负，所以，不太愿意让孩子与小伙伴们一起玩，即便是在一起玩，也总是形影不离，一旦孩子们之间发生点小摩擦，孩子们还没怎么样，大人先惊慌失措起来。殊不知，这样做就破坏了孩子的游戏规则，一旦大人介入到孩子们之间，就会让关系复杂。

沛泽两岁左右的时候，经常会和小区里比他大两三岁的孩子玩，所以，不免会吃一些亏，被别的小朋友推倒了，或者是抢走了玩具。这时，只要孩子没伤到，我是不会马上介入到孩子们之中的，因为我认为孩子应该学会自己去解决问题，在解决问题的过程中学会与人相处。

一天，沛泽看见两个小姐姐拉着小车来花园边摘草叶，并把摘来的草叶放在车里，他很好奇，跑了过去，也学着姐姐们的样子，摘一些草叶放到小车里。“不要你摘，你不会玩，走开！”沛泽遭到了拒绝，但他还是不死心，就站在一旁看。

这时，一个小女孩在摘草叶时，不小心踢翻了玩具车，草叶撒了一地，沛泽立马蹲下来，把车子扶正，然后把草叶捡到车子里。“姐姐，我帮你们把草叶捡出来了。”小女孩很感激地看了看沛泽。“那好吧，你帮我们摘一些‘菜’吧，我们要回家做饭。”就这样，沛泽很容易地就和小伙伴们融入一起。

“你摘的‘菜’不合格!”不大一会儿工夫，一个小女孩又向沛泽提出了抗议，并且手里还捏着一小片草叶。“你把‘菜’都弄断了，我们要整片的。” “好吧，我再摘一些。”沛泽听从了姐姐的话，又摘了一些放到车子里，这次小姐姐没有再抱怨他。

我把这一切都看在眼里，如果我在沛泽刚刚遭到拒绝的时候就介入，恐怕只能带着儿子离开了，岂不是错过了他学习与人相处的机会?

“妈妈，我和姐姐做了很多‘菜’，你来尝一尝。”当三个孩子把饭做好后，邀请我来尝一尝。“你们欢迎阿姨加入吗?”我征得另外两个小女孩的意见，小女孩高兴地点了点头。“你尝尝吧，这是我们做的酸菜鱼，里面的酸菜都是我们亲手做的，可好吃了。”

一个小女孩拎着一只小红桶递到了我的跟前，我假装尝了一下：“不错，不错，味道真的很好，你们能告诉阿姨是怎么做出来的吗?”孩子们高兴地告诉我，他们是如何挑选的菜，如何将菜洗净，又是如何从市场上购买到新鲜的鱼，还有，他们是如何分工的。

与孩子们在一起，就要遵守孩子们的游戏规则，这一规则只能让孩子们亲自去体验，大人的介入只会破坏规则。

培养合群孩子三原则

儿童心理学家哈塔布曾说："预测一个孩子成年后的生存能力，不是看他现在的学习成绩，也不是看他乖不乖，能不能遵守课堂纪律，最好的也是唯一的方法，就是看孩子能不能跟其他孩子合得来。"

由此可见，培养孩子合群是每位家长必须重视的问题。那么，如何让孩子合群呢？我认为应该坚持以下三原则。

原则一：让孩子多参加集体活动。俗话说，实践出真知，社交亦如此。只有让孩子多参加集体活动，多接触同龄人，他们才会在实践中总结出交往的技巧。一个整天关在家里，自己跟自己玩的孩子，是不会懂得如何与人交往的。

原则二：为孩子创造一个良好的家庭环境。生活中，我们发现有的孩子特别不招人喜欢，与小伙伴们相处起来总是闹矛盾，这与孩子的家庭环境有一定关系。如果孩子的父母都不懂得如何与人相处，夫妻之间总是吵架，不懂得谦让，孩子又怎会懂得与他人相处呢？

原则三：请不要介入孩子们之间的事。很多家长担心自己的孩子被欺负，孩子们刚发生口角，还没有怎么样，家长就上前护住自己的孩子，这样做，你就剥夺了孩子实践的机会。其实，孩子们完全可以按照自己的原则去处理问题。所以，只要没有多么严重的事情，孩子们的事情还是让他们自己去解决吧。

延伸阅读：哪些孩子不合群

除了家长有意无意地阻止孩子们的社交行为外，孩子不合群也与孩子的性格有一定的关系。自尊心过强和过弱的孩子在集体中也容易感到不适。

自尊心过强的孩子容易自命不凡，看不起别的小朋友。缺乏自尊心的孩子则会胆小、怯弱，缺乏与小伙伴交往的信心与兴趣，即使勉强在一起，也会不欢而散。

爸爸、妈妈总是听不懂我的话

与孩子在一起，不能只从字面上去理解孩子所说的话，而是应该读懂孩子的弦外之音，了解孩子心里真正所想表达的东西。

一天，我在公交车上，遇到一对母女，看样子，小女孩是刚从幼儿园放学回来。一路上都在叽叽喳喳地说着幼儿园里的事，非常开心。看得出，小女孩今天在幼儿园里过得很愉快。

不过，坐在身边的妈妈似乎对孩子的话并不感兴趣，一直皱着眉头，像是在思考什么，并不时地打断女儿："好了，别说了，吵死人了，叽叽喳喳的。"这犹如给小女孩泼了一盆冷水，她嘟着嘴巴，望着窗外。当车子行驶过一家蛋糕店时，小女孩转过头来对妈妈说："妈妈，这里又开了一家蛋糕房。"女孩的妈妈朝外看了看，哼了一声。

小女孩再次噘起了小嘴巴。过了一会儿，妈妈突然想起了什么，对女儿说："早晨出来的时候，你有没有看到妈妈把面条放进冰箱里呀?"小女孩干脆地回答："那是你的事情，我怎么知道?"

"你这孩子，没大没小的，怎么这样和我说话?"女孩的妈妈生气了，质问孩子。"你们大人就是这样，想理我就理我，不想理我就不吭声，我为什么要回答呢?"妈妈的质问激怒了女孩。女孩的妈妈碍于面子，没有在车上与孩子发生争吵，只是小声地说了一句："等我回家再收拾你！"

看到这一幕，我想起英国教育家斯宾塞说过的一句话："细心的父母可以发现孩子微妙的变化，弄清没有明说的思想感情，这里所需要的技巧是及时抓住孩子隐藏在内心的思想感情的微小、微妙的线索。"这位妈妈根本不了解女儿说这些话是想表达什么，所以，女儿才会生气。

孩子的弦外之音

与孩子在一起，不能只从字面上去理解孩子所说的话，而是应该读懂孩子的弦外之音，了解孩子心里真正所想表达的东西。可惜的是，很多父母并没有把这当回事，只是一厢情愿地把自己的想法强加给孩子，以致孩子越来越不喜欢和父母说话。

沛泽5岁的时候，在一次交谈中，他生气地对我说了这样一句话，给我留下了深刻的印象，"我是你的儿子，为什么你一点都不了解我，总是听不懂我的话。"我一下子怔住了，孩子为什么会这样说呢？平时我很尊重孩子呀？

后来，我从一本育儿书中了解到，与孩子交谈，要听懂孩子的弦外之音，孩子经常会采用试探、提醒等方式跟父母来交流。从那以后，每每沛泽说话的时候，我都会认真地听，仔细地听，试图寻找孩子的真实想法。

一天，沛泽从幼儿园回来，很不高兴，一路上都不和我说话。"沛泽，怎么了，今天在幼儿园过得不愉快吗？""哼，我讨厌我们老师，真是太讨厌了！"如果是以往我肯定会这样教育儿子：你是学生，老师是长辈，你怎么能这样说老师呢？但是这次我没有。从儿子的表情中，我隐隐感觉到儿子受到了不公平的待遇。

“是不是老师做了什么事情，让你不高兴了？”我试探地询问，打开了儿子的话匣子。原来，上课的时候，沛泽的同桌不认真听讲，总是与沛泽说话，沛泽就小声地警告同桌不要说话，认真听讲。没想到，却被老师误以为是沛泽在下面说话，就批评了他。

“如果是妈妈，我也会难过，被人误解的滋味不好受。”我能体会儿子此时的心情，对儿子报以同情。“以后，我再也不听他的话了。”儿子气愤地说，“他是个坏老师。”看来只有解开误会，才能让孩子气愤的情绪得以平复。

“沛泽，我觉得老师肯定不是故意的，他可能听错了，你应该跟他解释。”我建议地说。“我才不呢，我不想和他说话。”沛泽固执地摇着头。“那你在老师心中就不是一个好孩子了，你就这样一直让老师误会吗？”

沛泽没有说话，我知道在他心里是想做一个老师喜欢的孩子的。“要不这样吧，一会儿你给老师打个电话，告诉老师是怎么回事好吗？”沛泽点了点头，晚上，他给老师打了电话，老师向他道歉，小家伙儿的心情立马多云转晴了。

如何听懂孩子的弦外之音

有时，我们会委婉地表达自己的看法、观点，其实，孩子们也是如此。孩子们经常会采用试探、提醒等方式跟父母来交流。遗憾的是，很多父母不明其意。孩子从父母这里不仅没有得到应有的安慰，反而遭到了批评，久而久之，孩子们就不再向父母吐露心声了。那么，父母该如何听懂孩子的弦外之音呢？

那就是要多关注孩子。当孩子在说话时，要认真倾听，不能局限于字面上的意思，要仔细想想孩子们的真实想法。一般情况下，孩子在试探父母时，常常会偷瞄父母，或者紧张地搓着手，这些都是孩子的异常表现，家长应该格外注意，敏感地发现孩子的真实想法，倾听孩子内心深处的真实感受。

延伸阅读：学会倾听的父母才是好父母

懂得倾听的父母，才能真切地感受和把握孩子的喜、怒、哀、乐，真正了解孩子在想些什么，分享孩子的快乐，分担孩子的烦恼，这对于建立亲密的亲子关系，起着至关重要的作用。良好的亲子关系有助于孩子发展健全的性格，健全的性格关乎孩子的一生。因此，只有学会倾听的父母才是好父母。

你们大人就知道自己说话

当家里有客人的时候，如果你的孩子总是想方设法地制造麻烦，无论你怎么教训他都没用，说明他是想引起别人的注意，他想参与到成人的活动中来。

提起自己的儿子，好友燕子就会无可奈何地摇摇头，因为她的儿子太调皮了，以致燕子每每走亲访友，都不敢带儿子，家里来了客人，恨不得把儿子小宝藏起来。

小宝今年 4 岁，是个很机灵的孩子。我去燕子家时，见过一次，也真正见识了什么是调皮的孩子。那天，我去燕子家，是给燕子过生日，除了我之外，燕子还请了几个平时关系不错的朋友。

就在大家准备切蛋糕唱生日歌时，小宝突然发起了人来疯，大喊道："我肚子痛，痛得我快死了。"然后，就躺在地上打起了滚。当时把在场的人都吓坏了，以为孩子生病了，正准备带他去医院时，孩子却捂着肚子大笑起来："真好玩，真好玩，我把你们都骗了。"原来是虚惊一场。

燕子的生日照常进行，当燕子把蛋糕切好，递到每个人的手上时，小宝又开始大叫起来："我不吃蛋糕，蛋糕太难看了，看到蛋糕，就让我想起便便。"小宝的一句话令在场的人再没有心思吃蛋糕了，燕子被气得满脸通红，拎着儿子，把他关到了卧室里。

大家对小宝这种见到人多就瞎胡闹、乱起哄的场景并不陌生吧？似乎我们自己的孩子也曾有过这样的现象。为什么孩子会有这种人来疯的表现呢？这是孩子不被关注的反抗，其真正的意图可能是：为什么你们不把我当回事，如果不关注我，我就闹给你们看。

喜欢别人的关注是孩子自我意识发展到一定阶段的必然反应。随着孩子感知觉的迅速提高，其表现欲不断增强，他们不喜欢被人“冷落”。可是，很多家长并没有注意到这一点，所以，孩子会通过各种方法，如不听话、哭闹、毁坏东西来引起他人的关注。

尖叫的男孩

细心的家长会发现，越是家里有客人的时候，孩子越是不听话，总是给大人找些麻烦，或者出些意外的状况，让你措手不及。如果是这样，那你肯定是忽视了孩子的内心需求。他渴望被人重视，不希望大家把他当成透明人。

有一次，老公的一个同事带着一个两岁的小女孩来家里玩，我见小女孩很可爱，我就夸奖了一番：“这孩子真可爱，瞧，这眼睛水汪汪的！”我话音未落，沛泽就学着我的样子，怪声怪气地学起来：“瞧，这眼睛水汪汪的。”

碍于有外人在，我没有批评沛泽，只是用眼睛瞪了他一下，以警示他保持安静。沛泽却调皮地向我吐了吐舌头，跑到一边去了。“沛泽，快带着小妹妹一起玩，把你的新玩具都拿出来。”

把孩子们支开，老公和同事开始谈论工作上的事情，我则到厨房准备晚饭。不大一会儿，我就听到沛泽的尖叫声，而且是一浪高过一浪，震耳欲聋。“沛泽，你没看到爸爸和叔叔在谈话吗？你这样做太不像话了。”“啊……”沛泽不仅没有停下来，反而尖叫声越来越刺耳。

我很生气，就拉着沛泽，把他关到了书房里。“你自己好好反省反省吧。”每次沛泽犯了错误，我都会这样做，让他面壁思过。不过，这次似乎不奏效，我刚回到厨房，就听到沛泽在书房里大喊：“叔叔，快来救救我，救救我！”

由于沛泽的捣乱，老公与同事的谈话不得不中断，索性两个大人陪着孩子搭起了积木，沛泽很快安静下来，并帮助小妹妹出谋划策，如何将积木搭得更高，还在叔叔面前吹嘘了一番，说自己有多么的厉害，可以把积木搭得很高很高。

奇怪，一转眼的工夫，儿子怎么就这么乖了？我突然意识到，孩子是想让我们去关注他，不希望大人把他晾在一边。为了证实我的猜测，晚上客人走了之后，我悄悄地问儿子，“沛泽，你告诉妈妈，为什么要打断爸爸和叔叔的谈话呢？”“哼，你们大人就知道自己说话，把我晾在一边。”

我的猜测果然没有错。“你是希望有人和你说话对吗？”“我是家里的一员，可你们总是把我赶走，不要我和叔叔说话。”听了儿子的解释，我立马向他道歉：“妈妈错了，现在妈妈了解了儿子的心情，以后不会了。”

从那以后，家里只要有客人来，我都会特别留意儿子的一举一动，当我发现他有情绪的时候，我就会对他说：“沛泽，乖一点，妈妈在和客人说话，我相信你一个人会做得很好。”这样做，让孩子知道，我时刻在关注他，这样他就不会有被冷落之感了，自然就不会捣蛋了。

制服捣蛋的孩子

在家里来了客人的时候，你的孩子却四处捣蛋，一定会令你非常难堪，你一定很想第一时间让小家伙儿闭嘴，老老实实地待一会儿。不过，这并不是一件容易的事情。因为你越是让他安静，他会闹得更欢，似乎成心与你作对。

对于孩子的这种“人来疯”行为，最好的办法就是重视他。在你与客人说话的时候，哪怕是一个小小的鼓励，或者一个关注的眼神，都会让孩子安静下来，因为他感觉到了你对他的重视。你可以这样对孩子说：“我家宝贝很懂事，知道自己待一会儿，因为妈妈要陪客人。”

制服捣蛋的孩子需要的是技巧，而不是压制，压制会适得其反。

延伸阅读：孩子爱插嘴的内因是什么

对于2—7岁这个年龄段的孩子来说，虽然已经能初步区分主、客体，但是自我的认定主要来自客体，尤其是成人的评价和肯定，所以，当家里来了客人的时候，他们总会搞出些动静来，以吸引人们的注意力。

另外，由于这个年龄段的孩子多以自我为中心，不太容易意识到别人的需求，这也是为什么越有外人，孩子表现得越欢的另一个重要原因。

爸爸，不许你叫我小啰唆

每个啰唆的孩子脑袋里装的都是财富，做家长的应该帮助孩子开启财富之门。

一天，我在小区的花园里散步，遇到了邻居张阿姨。前不久，张阿姨刚去了哈尔滨女儿的家里，于是，张阿姨就唠起了在哈尔滨的所见所闻，无意中提到了狗熊，这给站在一旁的孙女打开了话匣子。

“奶奶，我们老师说，狗熊会冬眠，这是为什么呀？”

“因为冬天狗熊找不到吃的，只能睡觉了。”张阿姨随口回了一句，可孙女却没有住口的意思，问题越来越多。

“那小猴子怎么不冬眠呢？我怎么不冬眠呀？”

“因为你和小猴子都能找到食物呀！”张阿姨回答完孙女的问题，转而继续与我聊天。还没张嘴，孙女的问题又来了。

“那狗熊为什么不去找吃的呢？它是找不到食物，还是太懒了呀？”

“哎哟，你怎么这么多问题，一边玩去，真是烦死人了。”

“可我还有很多问题没有搞清楚，奶奶你不是经常说要打破砂锅问到底吗？我的锅还没有破呢？”小女孩的一句话逗得我和张阿姨前仰后合。

你的孩子是不是也和这个小女孩一样，是个“问题宝宝”，每天有一连串稀奇古怪的问题摆在你的面前，让你接受考验呢？很多家长在面对“问题宝宝”时，都会表现得非常不耐烦：“你烦不烦，闭上嘴巴，老实待一会儿。”

对于一个四五岁的孩子来说，他有很强的表现欲望，再加上孩子的好奇心强，所以，他总会发现有很多问题需要解决，就会像个小麻雀似的在大人身边叽叽喳喳说个不停。本来孩子的好奇心与求知欲望是应该得到保护的。遗憾的是，很多家长却嫌孩子烦，勒令孩子闭嘴。

十万个为什么

每个孩子的脑袋里都装有很多很多的问号，他们常常会因为一个问题引发一连串的问题，对于孩子的诸多问题常常令大人不知所措。

沛泽最喜欢看的节目就是动物世界，只要一看到小动物，沛泽的问题就来了：“妈妈，为什么袋鼠宝宝可以躺在妈妈的肚子里，为什么我就不能？”“爸爸，你说是老虎跑得快，还是狮子跑得快？”“爸爸，蛇没有脚，它是怎么跑得那么快的？”

儿子的问题都快赶上十万个为什么了，每次他都能把我和老公问得张口结舌。一次，老公在经过儿子一连串的“炮轰”之后，终于忍无可忍：“你怎么这么烦，真是个小啰唆。”“爸爸，不许你叫我小啰唆，老师说，有不懂的问题一定要弄个明白。”老公顿时无语。

为了保护儿子的好奇心和求知欲望，我和老公需要不断地充电，才能满足小家伙儿的需求。不过，在此过程中，既让我们增长了见识，也让我们与儿子的关系更加亲密。

当然，儿子啰唆有时候并不是为了寻找问题的答案，有时也会因为分享快乐在我们跟前喋喋不休。一天，沛泽从幼儿园回来，从书包里拿出一幅画："妈妈，这是我画的画，老师说，全班就我画得好，你看，这是太阳，太阳出来了，晒得大地暖洋洋的……"

"好了，好了，妈妈正在写工作报告。"我不耐烦地打断了儿子的话。儿子噘着小嘴，嘟嘟囔囔地抱怨了一句。我没听太清楚，之后，儿子就安安静静地玩他的玩具了。

过了几天，我去幼儿园接沛泽。"沛泽，今天你在幼儿园做什么了?""没什么啦!"儿子说完，转身上了车，似乎不太愿意与我交谈。从这以后，我发现儿子变了，以前从幼儿园一回来，就叽叽喳喳地讲个不停，现在是一个人默默地钻进自己的房间，要么看看书，要么玩玩具，很少与我和老公聊天。

儿子的变化让我意识到我那天的行为是多么的错误。于是，我走进儿子的房间："沛泽，我好久没听你讲幼儿园里的故事了，妈妈都有些怀念了。""真的吗？你不嫌我烦吗?"儿子的眼睛忽然一亮。

"不会，那天妈妈说话的语气不对，妈妈向你道歉。"儿子高兴地拍着手，讲起了幼儿园的趣事。"今天手工课上，老师让我们贴画……"

诚然，我们大人要忙工作，有时确实没有时间听孩子讲他的故事，此时，不妨告诉孩子："你先自己玩一个小时，一个小时后，妈妈再听你讲，好吗?"而不应该带有情绪地抱怨，这会让孩子关上心门，不愿意与成人沟通。

请不要把孩子的唠叨不当回事

有些时候，父母因为忙于工作、忙于做家务，忽视了喜欢讲话的孩子，甚至会责备孩子唠叨得让人心烦。其实，孩子不是有意叽叽喳喳说个不停的，他唠叨的背后往往隐藏着很多故事。

当孩子遇到无法理解或者解决不了的问题时，他就会在父母身边唠叨个不停。“熊猫为什么吃竹子，为什么不吃肉呢？”“小狗为什么要把舌头伸到嘴巴外面来？”这是孩子求知欲望强烈的表现，有哪位家长不希望自己的孩子聪明伶俐呢？既然如此，对于孩子的问题，还是有求必应吧。

每个孩子都是家长手心里的宝。可是，更多时候，家长只是注重了孩子的物质需求，而忽视了精神需求。孩子希望有人能够理解他，分享他的快乐与烦恼，当孩子喋喋不休时，往往是因为他有心事向人吐露，作为家长，应该耐心地倾听，分享孩子的快乐，分担孩子的烦恼。

延伸阅读：不啰唆的父母孩子最喜欢

说到孩子的啰唆，我不得不说说啰唆的父母。啰唆似乎是中国家长的一大特色，从早晨起床开始，父母的啰唆声就此起彼伏：“宝贝，该起床了，你怎么还没起来呀？”“宝贝，快点刷牙、洗脸。”“宝贝，吃饭了，快点，我都叫你三遍了。”

父母苦口婆心的都是为了孩子好，但事实上，往往会换来一句：“你烦不烦呀？婆婆妈妈的真烦人！”其实，很多事情，你只需告诉孩子一遍就够了，说多了，反而会激起孩子的逆反心理，记住，不啰唆的父母，孩子才会喜欢。

嘘，我告诉你一个小秘密

请不要把孩子的糗事当成笑话分享给外人，因为这对你的孩子来说，是一件很没有面子的事。

强强今年6岁了，他觉得自己已经是一个小小男子汉了，平日里，经常听到小家伙儿和小区里比他小的孩子吹嘘。一天，强强在和邻居家的小妹妹玩的时候，又吹嘘自己有多么的厉害："我很勇敢，不怕黑，晚上我可以一个人睡一个房间。"

"哦，你好棒！"邻居家的小女孩拍着手为小哥哥叫好。强强看到小妹妹用崇拜的目光看自己，心里美滋滋的，拍着胸脯说："那有什么了不起的，我还有更厉害的呢，那天……"

"强强，你还好意思在小妹妹面前显摆，昨天谁尿床了？你都6岁了，还尿床，还不害臊啊？"在一旁与人聊天的强强妈妈打断了儿子的话，给儿子泼了一盆冷水。强强立马安静下来，低着头，脸都红了。

"哥哥，你真的尿床了吗？"小女孩仰着头，看着强强红红的脸问道。

"谁说我尿床了，没有的事！"强强瞪着眼睛与小妹妹嚷嚷，然后，快速地消失在人们的视线中。

有的家长认为，孩子还小，不会有自尊心，所以，说孩子“坏话”的时候常常不会背着孩子，甚至当着众人的面揭孩子的老底。也有的家长认为，这样做可以帮助孩子长记性，以便改正错误。

其实，这样做只会让你的孩子越来越自卑。一岁多的孩子就已经有了自我意识，到了三四岁，孩子就已经能够理解别人的评价，通过别人的评价来判定自己是怎样的一个人。

如果父母总是在众人面前揭孩子的短，即便是以说笑的方式说出他那不堪回首的经历，也会让孩子觉得很没面子，感到难堪、屈辱、气愤。所以，父母切不可在外人面前议论孩子的是非。

请别在孩子面前失去信任

有些父母认为，孩子身上的每一个特征，每天的一举一动都在自己的眼里，孩子会有什么“隐私”呢？所以，当孩子把自己的小秘密悄悄地告诉你的时候，你总是习惯性地把它当成与人分享的快乐，殊不知，你的行为已经深深地伤害了孩子。

记得沛泽刚上幼儿园的时候，有一天，从幼儿园回来，他悄悄地对我说：“妈妈，你过来，我告诉你一个秘密。”儿子拉着我的手，让我蹲下来，然后郑重其事地趴在我的耳边小声地说：“妈妈，幼儿园里有很多女孩子喜欢我，她们在追我。”

我哑然失笑：“她们是怎么追你的呢？”“我在前面跑，她们在后面追，妞妞还轻轻地在我的脸上亲了一下，说我长得很帅，像动画片里的喜羊羊。”我强忍着没有在儿子面前捧腹大笑，故作镇静地听儿子的叙述。“妈妈，这是个秘密，你不许告诉任何人，来，我们拉钩。”儿子伸出了他的小拇指。

晚上，儿子睡下后，我把这个重大“发现”迫不及待地告诉了老公，我和老公捧腹大笑了很久。然后，老公又将这个笑话讲给他的同事、朋友听，还在网上发了一条微博，引来众人的围观。

一天，老公的一个朋友来家里做客，看到沛泽，就问：“沛泽，听说你很有人缘，有很多小女孩追你是吗？”沛泽先是一惊，然后愤怒地看着我：“这是我的秘密，谁让你告诉别人的，我讨厌你，妈妈！”说完，就跑到了自己的房间。见儿子这般生气，我突然意识到了自己的行为深深地伤害了儿子。

这件事给我的启示就是：不要把孩子的事不当回事，无论什么时候都要尊重孩子，不能失信于孩子，不然，父母就在孩子面前失去了威信。这以后，我就非常注意保护孩子的面子，从来不在外人面前说他的不是。

在儿子 5 岁的时候，他给自己的玩具箱上了一把锁，并严肃地对我和老公说：“这是我的东西，不经过我的允许，你们是不许动的。”我和老公点了点头。“儿子长大了，需要有自己的空间了，妈妈尊重你，以后我进你的房间是不是也应该敲门呀？”“那当然了！”儿子很神气地回答。

“儿子长大了，以后爸爸、妈妈都尊重你。不过，爸爸有一点担心，担心你的玩具箱里放一些不安全的东西，你能让爸爸看一下吗？”在征得儿子的同意后，老公仔细地检查了一遍，在确认安全后，又让儿子把玩具箱锁了起来。

请给孩子留点面子

人们总是习惯地认为孩子还小，懂的事不多，所以，总是在不经意间伤害了孩子的自尊心，把孩子的缺陷当成笑话，与别人分享。比如，有的家长不顾孩子的反抗，把孩子身上的胎记示众。不尊重孩子的隐私，把孩子曾经犯下的错误，反复地说给外人听。比如，我家孩子 6 岁了还尿床呢。

殊不知，这些行为，都会让孩子感到没有面子，伤害了他们的自尊心。孩子多是通过大人对他们的态度来评价他们在别人心目中的形象的，当众斥责孩子，不仅打击了孩子的自尊心，还会导致孩子自卑。因此，家长一定要给孩子留面子，这对孩子健全人格的发展是非常重要的。

延伸阅读：孩子爱面子很正常

有些家长认为小孩子爱面子不是什么好事，正所谓“死要面子活受罪”，所以，总是有意无意地打击孩子，让孩子感到非常没面子。

事实上，孩子爱面子并不是一件坏事，而是一种健康的心态。爱面子意味着孩子有了自尊心和自我意识，这是健全人格发展的一个重要表现，有自尊心的孩子才会有积极进取之心。

妈妈，今天我要你给我穿衣服

孩子反常的行为，并不是因为他故意刁难家长，这背后是有故事的。只有了解了背后的故事，家长才能真正体会孩子的心情。

“妈妈，我要你抱着我。”人满为患的地铁中传来一个小女孩撒娇的声音。继而是女孩妈妈责备的声音：“你这孩子，越大越不独立，你都5岁了，还要妈妈抱。”

“不，我就要你抱。”小女孩摇着头，拉着妈妈的手。“地铁里这么多人，我怎么抱你呀！”再次遭到妈妈的拒绝，小女孩委屈地哭了。这让女孩的妈妈更加生气了。

“你真是越来越不像话了，早晨也要妈妈穿衣服，你都是大孩子了，自己能做的事情就要自己做。”可是，无论这位妈妈怎么批评女儿，小女孩一直拉着妈妈的手，要妈妈抱。到了建国门，女孩的妈妈拉着女孩下了车，女孩不情愿地跟在后面，眼泪还挂在脸上。

有时候，我们会发现孩子真的很难捉摸，原本可以自己穿衣服、穿鞋子，洗脸、刷牙，突然有一天，他开始拒绝自己动手做力所能及的事情，无论你怎样耐心地鼓励他，“宝贝很棒，自己的事情自己做。”还是强势地命令他：“你长大了，你自己能做的事情必须自己做，妈妈是不会帮你的。”他都是不配合地摇头表示抗拒。

孩子为什么会有这样的变化呢？很多时候我们会以为

是孩了撒娇，其实并非如此。孩子的突然转变，是有一定原因的，或者是因为害怕做错事，或者是因为在不熟悉的环境中感到害怕，亦可能是因为想获得更多的爱，总之，孩子的反常行为中一定有不为人知的故事。

无理取闹的儿子

沛泽3岁以后，就已经非常省心了，他自己会做的事情，很少让我们插手，即使自己做不来的事情，也会尝试着去做，我对儿子的表现很是欣慰。然而，自从侄女娇娇来家里小住之后，儿子就像换了一个人。

每天晚上睡觉前，我都会给儿子准备好第二天要穿的衣服，把它放在床头，第二天早晨，沛泽就会穿戴整齐。一天早晨，我在给侄女娇娇穿衣服，沛泽躺在床上大叫："妈妈，今天我要你给我穿衣服。"

"儿子长大了，自己会穿衣服了，怎么还要妈妈穿呢？快点自己穿。"我把衣服放在儿子的身边，督促他自己穿。小家伙儿因为我的拒绝，非常生气，一甩手，就把衣服丢到了地上。

"沛泽，你怎么把干净衣服丢到了地上，太不像话了。"我因为儿子的无理取闹生气。"你不给我穿衣服，我就不把衣服捡起来。"小家伙儿居然威胁我。我看硬的不行，就来软的："沛泽很棒的，我相信沛泽一定能把衣服整整齐齐地穿好。"儿子用眼角的余光扫了我一眼，不理会我。

没办法，我只好给儿子穿衣服，沛泽很高兴地配合，并问了我一个很怪的问题："妈妈，你是喜欢我，还是喜欢娇娇？""两个都喜欢。"当儿子听到我这样的回答后，噘起了小嘴巴："不行，我是你的儿子，我要你喜欢我。"

"妈妈当然喜欢你了，谁说我不喜欢你了？""你就是不喜欢我，你每天都照顾娇娇，还给她穿衣服，都不管我。"说着，沛泽委屈得都快掉眼泪了。此时，我突然明白了儿子早晨为什么吵着要我给他穿衣服了。

"沛泽，你是妈妈的儿子，无论什么时候，妈妈都爱你，都关心你。娇娇还小，很多事情还不会做，所以她需要我的帮助，但这并不代表我不爱你了，明白吗？"儿子得到了我的承诺，心情好多了。

还有一次，朋友来家里玩，听说沛泽会背不少的唐诗，就点了一首白居易的《草》让沛泽背。以前，沛泽很喜欢在外人面前显摆自己的"才艺"的，但这次却例外。朋友就开玩笑地说："是不是不会背呀？"可是不管朋友怎么用激将法，沛泽都不肯背。朋友走后，我问沛泽为什么不背给朋友听，沛泽悄悄地告诉我，这首诗的后两句他忘记了，担心自己背不出来会很丢人。

通过这两个故事，我想告诉大家，孩子的反常行为背后往往掩藏着故事，只有了解了背后的故事，我们才能理解孩子，而不会因为不明真相去责备孩子。

孩子拒绝独立的背后真相

当孩子突然一反常态，拒绝独立时，我们首先想到的是找出问题的原因，而不是急着去责备孩子，通常孩子拒绝独立有以下原因。

1. 担心自己做错事

孩子小的时候，做事常不会考虑后果，只要按照自己的想法去做就行，但是孩子到了三四岁，做事就会有所顾虑，这是因为他们知道做错事情是很丢脸的，所以，他们开始不愿意做没有把握的事情。

2. 陌生的环境让孩子紧张

有些孩子在家里背唐诗背得很好，但是只要有外人，孩子就会掉链子，这是因为陌生的环境让孩子感到了紧张。这时，父母要支持孩子，鼓励孩子集中注意力在手头的事情上，而不要过于关注周围的事物。

3. 忌妒的表现

家里只有一个孩子，家长会处处以孩子为中心。但是当家里有了第二个孩子，大一点的孩子受到的关注势必会少一些，这时，孩子行为上就会出现倒退现象，因为他们心理上担忧，你不再照顾他。这时，你要告诉孩子，你永远爱他，关心他。

延伸阅读：别让包办成为孩子依赖的理由

现在的家长总是担心孩子自己动手做事会伤着自己，或者是做不好，把家里搞得乱七八糟，反而是事情越做越多。殊不知，正是因为父母的包办才让孩子越来越束缚手脚，越来越懒惰，处处依赖大人。

不要害怕孩子做错事，不要害怕把事情越弄越糟糕，只要没有危险，就让孩子动手去做吧，这对于培养孩子的独立性是非常有帮助的。只有通过自己的实践，孩子才能够学会独立。

我爸爸有车，你爸爸没有

孩子天真无邪，还不能正确地分辨美丑、善恶，他对自己及他人的评价主要来自成人的影响，所以，孩子攀比往往受家长价值观念的影响。

这是我在幼儿园门口听到的几个孩子之间的对话。

小男孩："我爸爸有 5 部手机，有 3 部是苹果的，每部都 5000 多块呢！"

小女孩："有几部破手机有什么了不起的，我们家有 3 套房，有一套还是别墅呢！"

小男孩："你胡说，我怎么没听说你家有别墅呀？"

小女孩："干吗要让你听过，我还没见过你爸爸有 5 部手机呢？说不定有 4 部都是坏的。"

也许是让小女孩无意中说中了，小男孩脸红了，低着头，小声地嘟囔："其实，有两部还是能用的。"

两个孩子之间的谈话被一个大一些的男孩听到了："哈哈，真丢人，有几部手机就吹嘘，我爸爸有两辆宝马，你看，我爸来接我了，你们家有吗？"大男孩炫耀完，得意地朝一辆宝马车跑了过去。

"有什么好显摆的，回去我让我爸买一辆路虎，给你瞧瞧！哼！"小男孩不服气地朝大男孩跑去的方向跺了跺脚，又瞥了一眼站在一旁的小女孩，吐了吐舌头，跑开了。

孩子之间这样的比富，大家可能并不陌生。除了比富，孩子间也会比谁穿的衣服最漂亮，谁的玩具最多、最好玩，甚至比谁的嗓门大。我们不禁要问，孩子这么小，怎么就这么爱攀比呢？其实，这多与家长的价值取向有关。

孩子模仿能力强，也容易受成人的影响，尤其是父母的教育观念、价值取向的影响，所以，当孩子从父母那里听说，谁家的车子漂亮，谁家最有钱，谁的官最大时，孩子就会认为，比别人强就是好样的，因此，他就会处处与别人攀比，自己什么都要比别人强，心里才会高兴。

爱美的囡囡

都说父母是孩子的第一任老师，此话不假，有什么样的老师就注定会教出什么样的学生。所以，我们从孩子的身上总能不经意间捕捉到孩子父母的影子。

一天傍晚，我约了几个朋友在一家咖啡馆喝茶，好友琳带着4岁的女儿囡囡出现在大家的面前，囡囡穿了一条酒红色的连衣裙。“你们瞧，我家囡囡漂亮不？来，给阿姨们转个圈看看。”

得到了指令的囡囡在大家面前优雅地转了一个圈。“真漂亮，囡囡，你妈妈真会打扮你，像个小公主。”得到夸奖的囡囡高兴地拍起了手。“明天，我就穿这条裙子去上学，我一定是班上最漂亮的小朋友。”

“那当然了，我家囡囡是个小公主嘛！”琳把女儿抱到椅子上，给孩子点了一杯果汁，我们几个女人开始聊天。就在大家聊得十分尽兴的时候，突然囡囡大声地叫起来：“你胡说，你胡说！”

刚才大家只顾着聊天，冷落了囡囡，囡囡发现邻桌有一个和自己年龄相仿的女孩，就一块儿玩起来。不知两人因为什么事情，发生了争吵。琳赶紧走了过去，经过询问得知，原来邻桌的小女孩说囡囡的裙子不好看，惹恼了囡囡。

“妈妈，我不要这条裙子了，你赶紧带我再去买一条嘛！”囡囡哭着拉着妈妈的手，就往外走。“傻孩子，你这条裙子怎么不好看了，这个可是品牌的，就你这条裙子都500多块呢！别听别人瞎说，好看！”琳不屑地看了看邻桌的女孩，语气中充满了炫耀。

“现在的孩子就知道攀比，我家囡囡每天去幼儿园必须换一套衣服，一周下来，都不许重样。我都不知该如何是好了。”琳安抚好了哭闹的囡囡，转头对朋友们说。

“有其母必有其女嘛！”一个朋友半开玩笑地说，琳不好意思地笑了。“现在就是这个社会，谁也不想被别人看不起，不高调一点行吗？我就不能让我的女儿穿得太寒酸，在幼儿园里咱不争个第一，也得排进前三名吧。”

“囡囡，你告诉阿姨，你们班上哪个小朋友得到的小红花最多呀？”我把囡囡拉到了身边。“依依得到的小红花最多。”囡囡娇滴滴地回答。“那囡囡向依依学习好不好？你努力超过她好不好？”囡囡使劲地点了点头。

“你看人家多会教育孩子，你呀，就知道比穿，你要让孩子正确地学会攀比。”朋友们纷纷朝我竖起了大拇指。琳不好意思地说：“大家教训得是，我学习了，学习了！”

引导儿童远离攀比心理

孩子有攀比之心是正常的，我并不认为孩子喜欢攀比就一无是处，这至少说明孩子是上进的，有进取心的。关键是要看在哪一个方面进行攀比，如果孩子在学习上、品行上、技能上与人攀比，岂不是好事！

然而，更多时候，孩子的攀比往往只是注重物质上的。谁比我穿得好，吃得好，玩具多等，这些方面的攀比，家长就应该及时地引导，把孩子的攀比引向正确的方向。不要动不动就对孩子说，谁家最有钱，谁家的车子最气派，谁住的房子最宽敞。这些都是反面教材，应该禁止。

不能过分溺爱孩子。对孩子的要求无论是合理的，还是不合理的，都有求必应。殊不知，溺爱往往是攀比滋生的温床。艰苦朴素是优良品德，还是应该肯定和发扬光大的。

延伸阅读：表扬孩子次数多了，也不是好事

当下流行一句话："好孩子都是夸出来的。"我并不是很赞成这样的话。因为我觉得过多的表扬也是造成孩子容易攀比的重要原因。

在幼儿园里，老师的夸奖是"至高荣誉"，平时老师经常会说："今天咱们班上谁穿的最漂亮？""谁带来的玩具最好玩？"在家里，家长经常会说："你看人家的孩子多听话。""你看人家又考了第一名。"

我认为这样的夸奖糟糕透了。因为这样的夸奖，一方面促使了孩子的攀比心理，另一方面又会让孩子因为自己不如别人感到自卑。所以，家长应该学会正确地夸奖孩子，对孩子起到积极作用的夸奖，才是有意义的。

妈妈生气了，因为我又尿床了

四五岁的孩子尿床是正常的。当孩子感到紧张、压力大时，就可能出现尿床的情况。批评、训斥孩子，只会让事情变得更糟糕。

一大早，小乔就忙着把被子抱到了楼下，她 4 岁的儿子也跟着忙活。“今天天气好，正好晒被子！”我上前与小乔打招呼。“嘿！没办法，还不是我那个不争气的儿子，这么大了还尿被子，真让人没辙。”小乔用手指使劲戳了一下儿子的脑门。

小乔的儿子立马低下了头，红着脸，跑回了房间。“你看他那个熊样，越看越有气。这孩子不知道怎么回事，最近总是尿床，有时一晚上我要给他换两三次床单。”

“是不是小孩子哪里不舒服了？”我关心地问。“没有。前两天我带他去医院看了，做了一个全面的检查，医生说他一切正常，说可能是孩子紧张、压力太大造成的，你说这么小的孩子有什么压力呀？”

一般情况下，孩子到了 3 岁还尿床，就会遭到大人的谴责，甚至是嘲笑。“你这么大了，还尿床，不知道害臊！”可是，越是这样，孩子尿床的次数越多，正应验了那句话：怕什么来什么。

孩子尿床有其生理原因，也有其心理原因。生理原因主要是小儿大脑皮质发育尚未完善，对脊髓初级排尿中枢的抑制功能较弱，容易受损而致尿频。心理原因主要是指受到惊吓、精神紧张，或者环境的变化等，都可能会导致尿床。

对于小乔儿子尿床的原因，我想应该与精神紧张有关。前不久，我听说小乔因为儿子尿床打了孩子，这之后，孩子的尿床情况不仅没有好转，反而次数越来越多。一方面挨打造成了孩子的精神紧张，另一方面孩子自身也知道尿床是不好的，越是怕尿床，反而更容易尿床。

我家的“尿泡大王”

四五岁的孩子已经有了羞耻心，自然知道尿床是一件很丢人的事情。当尿床发生后，他已经很紧张，害怕受到父母的批评，如果家长不顾及孩子的面子，批评孩子，甚至是当众打孩子，岂不是让孩子雪上加霜？

沛泽4岁那年，因为搬家的缘故，我给孩子换了一家幼儿园。沛泽在原来的幼儿园待了整整一年，所以，离开的时候，小家伙儿还哭鼻子了，告诉我舍不得那里的小伙伴。我安慰他说，在新的幼儿园会结识更多的新朋友，并承诺他每隔一段时间就回来看看老朋友。

搬到新家后，一向睡小床的儿子吵着不自己睡，非要和我们挤在一张大床上。我想也许是环境的变化让孩子有些不适应，有些紧张吧。结果那一晚，沛泽竟然尿床了，把我和老公差点漂了起来，而这小家伙儿竟然什么都不知道，睡得十分香甜。

第二天早晨，老公拿着尿湿了的被褥给儿子看，儿子还不肯承认，一口咬定昨晚他没有尿床，不过，很明显，说话的底气不是那么足。到了晚上，沛泽没有要求再和我们睡大床，而是很自觉地睡到了自己的小床上。

半夜的时候，我起来检查发现儿子又尿床了，在我给儿子换床单、睡衣的时候，小家伙儿醒了。“妈妈，你不要生气，我不是故意尿床的。”儿子眼泪汪汪地看着我。“宝贝，妈妈不会怪你的，妈妈知道你不是故意的。”

后来，我又从幼儿园老师那里得知，儿子白天上厕所的次数特别频繁，一节课下来，小家伙儿要跑四五次，小朋友都嘲笑他是“尿泡大王”。本来新换的幼儿园，儿子已经很不适应了，小伙伴们又嘲笑他，使他越发地不喜欢上幼儿园。

于是，我特意与幼儿园的老师进行了沟通，希望老师在班上多表扬儿子，让孩子尽快适应新幼儿园的环境。在家里，我每天都抽出一定的时间陪孩子做游戏，让孩子紧张的情绪放松下来。

一天晚上，临睡前，沛泽忧心忡忡地问我：“妈妈，我为什么总是尿床呢?”“没关系，你只是紧张而已，不要去想，你要相信你自己，你们幼儿园的老师不是经常夸你嘛，妈妈也觉得你是一个很棒的孩子。”

慢慢地，沛泽适应了新幼儿园的环境，结识了新朋友，并且时常能够得到幼儿园老师的表扬，他的心情好多了，尿频的现象明显减少，而且晚上也不再尿床了。

孩子尿频注意心理疏导

孩子偶尔尿床是很正常的现象，这是小儿的特殊生理特点决定的，所以，父母不要因为孩子的偶尔尿床而批评孩子。这只会让孩子越来越紧张，然而，越紧张越容易导致尿频。

当孩子因为陌生的环境感到紧张不适时，家长要多鼓励孩子。比如孩子新入托、入园，或者是搬家等，都可能因紧张导致尿频。此时，家长要多陪陪孩子，做些轻松愉快的游戏，放松心情。

当然，纠正孩子尿频并非一日之功，家长要有足够的耐心，才能逐步改善尿频的症状。

延伸阅读：什么是小儿神经性尿频

有些家长发现孩子尿频，或者有尿床的情况后，多会带孩子去医院检查。这时，就会接触到一个医学名词——小儿神经性尿频。那么，什么是小儿神经性尿频呢？

小儿神经性尿频常见于3—5岁的孩子，主要表现为排尿次数增加，每天可以达到10余次，甚至更多。多见于白天特别是在吃饭、上课或上床睡觉前最为突出，睡眠中排尿正常。经过检查后，孩子的身体并没有异常。

治疗小儿神经性尿频，重在心理疏导。

不许哭，再哭我就打你

当孩子哭泣时，请不要训斥孩子，更不能举起你的拳头，而是应该俯下身子，耐心地陪孩子一会儿，听听他的故事。

那天，我在电梯里遇到一对母子。小男孩看样子只有3岁左右，在电梯里跳来跳去，震得电梯都在晃动，并且时不时地发出怪声，引起了人们的不满。男孩的妈妈觉得很没有面子，训斥孩子道："你给我安静点，不许再叫了，站好！"

妈妈的突然发声令男孩吓了一跳，不小心磕在了电梯壁上，小男孩用手捂着头，哭了起来。"别哭了，烦死了。"妈妈并没有看一看孩子的头，斜了孩子一眼，责备道。可能小男孩觉得妈妈没有安慰自己很委屈，并没有停止哭泣。

"行了，别哭了，没完没了了你！"这次男孩的妈妈很凶地训斥了孩子。男孩子一边抽搭着，一边咕哝着辩解，好像有很多委屈。但显然屈服于妈妈的强势，不敢出声了。

看到这一幕，可能很多家长都不会陌生。当孩子不听话，不愿意上学，或者是发脾气的时候，有些家长会用家长的权威粗暴地对待孩子，命令孩子不许哭、不许闹。我认为，这种做法对孩子来说是非常不公平的。

和我们成人一样，孩子也会有烦心事，当我们心情不好的时候，就会发脾气，甚至大声地训斥别人。城门失火殃及池鱼，可孩子为什么不能呢？孩子不像成人一样，喜、怒、哀、乐都表现在脸上，不善于控制自己的情绪，家长一味地压制，只会让孩子更加逆反。既然如此，我们何不给孩子发泄情绪的机会呢？

让孩子尽情地哭泣

我们在成长的过程中，都曾经害怕过、伤心过、委屈过。当这些“不幸”发生时，你希望你的父母怎么做？把你抱在怀里，轻轻地拍打你的背，告诉你，无论什么时候，爸爸、妈妈都在你的身边。

只需这样一句话，就可以让哭得泪人的你马上安静下来，甚至破涕为笑。然而，很多时候，我们听到的却是“哭什么哭，别哭了，再哭我就打你了。”迫于父母的威严，你停止了哭泣，心却被深深地伤害了。

如果你认可上面我说的话，就请不要再让悲剧在你孩子身上上演。沛泽3岁的时候，一天我和老公带着沛泽去紫竹院公园玩，沛泽手里拿着一个变形金刚，走到湖边的时候，一不小心把变形金刚掉在了水里，沛泽急得哇哇大哭起来。

老公赶紧找来一根棍子，费了好大的劲，终于把变形金刚捞了上来，可是，沛泽依然大哭不止，老公很生气地质问沛泽：“变形金刚已经捞上来了，你还哭什么？”沛泽抚摸着还滴水的变形金刚，伤心地说：“爸爸，变形金刚淹死了。”

儿子的话让老公马上没了火气，俯下身子安慰儿子道：“沛泽，变形金刚是不会淹死的，它只是呛了一点水，回家爸爸帮你修理一下，它马上就会好的。”儿子听说变形金刚没有死，立马笑了。

很多时候，孩子的想法是很天真、很可爱的，只是我们大人没有用心去了解、用心去体会，以致把孩子的哭闹、发脾气统统归结于不听话。

记得朋友说过这样一件事，她家的一只小狗因生病死去了，朋友的女儿心疼至极，哭了整整一个晚上，第二天，孩子的眼睛又红又肿。因为情绪低落，孩子告诉朋友她不想上学。朋友看到女儿如此难过，并没有强迫她，而是很理解地对女儿说：“小狗死了，你很难过，妈妈理解你，如果你真的很难过，就在家里休息一天吧。”

朋友告诉我，她想给女儿独自面对痛苦的时间和空间，让孩子的难过情绪得到尽情的发泄。如果强迫孩子上学，孩子难过的情绪就会积压在心里，得不到释放。也许，这件事过去很久以后，孩子的情绪还是低落的。

对于孩子来说，哭泣是他们最好的发泄情绪的方式。然而，很多时候，我们成人却给剥夺了，动不动就命令孩子不许哭，这对孩子的健全人格的发展显然是不利的。我认为，如果你不知道如何去安抚孩子，至少不应该阻止他哭泣。

孩子是如何发泄情绪的

孩子的玩具被别人抢走了，不小心摔了一个跟头，被小伙伴推了一把，孩子都会委屈地大哭。孩子还小，不懂得合理宣泄情绪，也无法控制自己的情绪，所以，他们随时随地都可能因为不愉快而哭泣。

当孩子哭泣时，父母不要阻止他，让孩子把心中的不愉快发泄出来，才有利于孩子的心理健康。当然，如果孩子哭泣是有原因的，他愿意说，父母就应该扮演倾听者的角色，倾听并不意味着你认可他的情绪，并不意味着你纵容他，只是在帮助他摆脱不良情绪。

总之，父母不能阻止孩子宣泄情绪，否则，不良情绪在心里积压久了，也会像火山一样爆发出来。

延伸阅读：不合理表达情绪易患心理疾病

据一项调查显示，现在患抑郁症的孩子越来越多，其中一个重要的原因就是孩子不懂得合理表达自己的情绪，遇到困难也很少向别人求助，习惯把一切不愉快、烦恼的事情都压在心底。久而久之，问题得不到解决，不良情绪得不到宣泄，就容易患心理疾病。

奶奶，他欺负我，你快来帮我

孩子被欺负之后，不要急于帮助孩子出气，而是应该让孩子勇敢地面对问题，教会孩子积极地解决问题。

几个孩子在草地上搭积木，刚开始的时候关系还比较融洽，不大一会儿，就引起了骚动。只听一个小女孩大喊道："奶奶，他欺负我，你快来帮我。"

原来，小男孩把小女孩快要搭好的积木一下子给推倒了，并且还抢走了一部分积木。起初，小女孩试图从小男孩的手中抢过来，但几次都没有成功，于是，她不得不求助"外援"——奶奶。

小女孩的奶奶听到了孩子的叫喊声，立马跑了过来，神情紧张地问孙女："怎么了，宝贝孙女，告诉奶奶谁欺负你了?"小女孩见奶奶过来帮忙，挺起腰杆，指着小男孩说："就是他，推倒了我的积木，还把我的积木抢走了。"

"她是女孩，你是男孩，还是个哥哥，怎么能欺负人呢，快把积木还给我孙女。"老人用命令的口吻对小男孩说。小男孩调皮地吐了吐舌头，丢下积木，转身跑了。

孩子们本来玩得挺好，因为这场小意外，加上小女孩奶奶的干涉，受到了影响，草地上的孩子三三两两地散去了，最后只剩下了小女孩一个人无聊地搭着积木。

现在的孩子都是父母的掌中宝，生怕在外面受到一点委屈。当孩子被欺负了，立马会跑到孩子的面前，替孩子撑腰、出气。可是，我们必须认识到，孩子早晚有一天要长大，要去面对生活中各种各样的困难，父母不可能凡事都替孩子去解决，最终还是要依靠他们自己。

其实，在我看来，伙伴之间发生了冲突，孩子受了点委屈，并不是什么坏事。因为只有遇到了问题，才会想办法去解决。当然，这个过程应该由孩子去完成，这是他们自己的事情，理应由他们自己去面对，大人插手过多，将来孩子就习惯逃避问题，不敢面对现实了。

当孩子被欺负了之后

我们生活的小区有很多小孩，但多数都比沛泽大一些，平日里沛泽和小伙伴们玩，因为年龄小，力气没有其他孩子大，难免会被欺负。偶尔被别人推一个跟头，被其他小朋友抓了一下，是常有的事情。

每位父母都爱自己的孩子，尤其是看到孩子受伤之后，心里更不是个滋味。每每看到沛泽“伤痕累累”地回来，我都非常心疼，心里酸酸的。

有一次，沛泽在和小朋友踢球，一个比他大两三岁的孩子跑了过来，一把就将儿子推倒在地上，儿子的后脑勺起了一个大包，疼得哇哇直哭。我心里那个心疼啊！事发后，推倒儿子的男孩妈妈一个劲地道歉，并上门来看望沛泽，所以，我并没有说什么。经过一段时间的观察，儿子并没有什么大碍，我悬着的心才慢慢放了下来。

然而，这件事却给孩子带来了负面影响。一次，一个小朋友过来抢儿子的玩具，儿子竟然一把将对方推倒，儿子竟然学会了攻击别人。回到家，我将儿子拉到身边："沛泽，你头上的包还痛吗?"沛泽轻轻地点了点头："还有一点痛。"

"打人是不对的，会给别人带来痛苦，你说对吗?"儿子很聪明，他很快就明白了我旁敲侧击的目的，低着头，向我道歉："妈妈，我知道错了，我不该推小朋友。"

"这就对了，如果下次别人再打你，你该怎么办呢?"儿子想了一会儿，摇摇头："如果下次别人打你，你就躲开，或者告诉妈妈，但你不能去打别人。"

"妈妈，要是别人咬我怎么办?"儿子的问题一下子把我难住了。因为就在前不久，沛泽在幼儿园里，曾被一个小女孩咬伤了胳膊。虽然我不提倡孩子还手，但是有些特殊情况，还需要孩子灵活地去处理，总不能傻傻地等着让别人咬吧。

于是，我对儿子说："如果老师在，你就告诉老师；如果老师不在，你可以轻轻地把小朋友推开，记住了，要轻轻的。"我还给儿子做了一个示范，告诉他什么是轻轻的。

孩子和小伙伴们在一起，发生摩擦是不可避免的，也会在交往的过程中，学到一些不好的行为。比如攻击行为，就像沛泽在受到欺负后，学会了以牙还牙、以暴制暴。所以，家长要制止孩子模仿不良的行为。除此之外，在处理孩子被欺负的事情时，不能过分强化孩子的痛苦以及大人的同情、怜悯，不然孩子就会更加委屈。

孩子被欺负了该怎样关心

孩子在与同龄人交往的过程中，偶尔被欺负是不可避免的。那么，当孩子受了委屈该怎么办？一些家长，尤其是老年人往往在孩子没有张口的时候，就冲到了孩子前面，替孩子解决了问题，这样做是非常不好的。我认为，不管孩子受了怎样的欺负，鼓励孩子去面对，是首要的。

比如，孩子因为别人抢了玩具哭着来找家长，家长不是急着去帮助孩子要回玩具，而是陪着孩子一起去面对问题。你可以这样告诉孩子："这个玩具是你的，如果你不想给别人玩，你可以把它要回来。"并鼓励孩子以合理的方式要回自己的玩具。可以教孩子这样说："对不起，这是我的玩具，我还要玩一会儿，现在不能给你玩。"直接表达，主动与人沟通是处理矛盾的有效方法。

另外，在处理孩子之间的矛盾时，要防止孩子模仿一些不良的行为。比如打人、咬人等攻击性的行为，要让孩子明白自己的攻击行为会给别人带来痛苦，是不受欢迎的，并教会他用更好的方法去解决问题。

延伸阅读：孩子被欺负，要不要还手

孩子被欺负，要不要还手，这是个让很多父母纠结的问题。慕尼黑儿童心理学家 Diekmeyer 认为：这种情况不应该一律禁止。不过我认为，这个前提是孩子是正当防卫，不是恶意打击报复。

孩子的正当防卫可以明确表达他受欺负之后的反应和态度，并不是以暴制暴，而是一种抗议方式。当然，这个行为还是有一定的冒险性，特别是对于习惯动武的孩子来说，风险性更大。

另外，还应该告诉孩子如何去正当防卫，比如孩子的手被人咬伤了，我们要教孩子的不是让他去咬别人的手，而应该是告诉老师，或者抓住对方，让对方咬不到。

妈妈，我今天和苗苗结婚了

学龄前的孩子喜欢结婚的游戏，是正常现象，大人无须把它想得过于复杂。

5 岁的芊芊每天去幼儿园之前，都要准备一份小礼物，一根棒棒糖，一个贴画，或者是一片小树叶。这些礼物都是给她的未婚夫笑笑准备的。同样，笑笑也会每天送芊芊一份小礼物。

芊芊的妈妈起初并不知道孩子的小秘密。一天芊芊放学回家问妈妈：“妈妈，我什么时候才能长大呀？”妈妈很奇怪地问孩子为什么想长大呀。芊芊回答说：“因为我长大了，就可以和笑笑结婚了，现在他是我的未婚夫。”

听到女儿这么说，着实把妈妈吓了一大跳，这么点小屁孩就想着结婚，真是羞死人了。于是，妈妈责备芊芊说：“结婚是大人的事，不关小孩子的事，小女孩说这样的话，不知羞耻。”

“我又没说现在结婚，不是说了，我长大了再嫁给笑笑嘛。我现在就是想想，想着我当新娘的样子，穿上漂亮的婚纱，戴上 5 克拉的钻戒，还有……”

“好了，快闭嘴吧，以后不许再提结婚的事。”妈妈强行打断了女儿，催促女儿赶紧洗手吃饭。

其实不仅是芊芊和笑笑，很多学龄前的孩子都喜欢玩结婚的游戏。“妈妈，我长大了要和笑笑结婚。”“妈妈，我有一个女朋友。”“我长大了要跟妈妈结婚！”这样的话常出自四五岁的孩子口中。

听到孩子这么说，有些家长就会非常紧张，厉声喝止孩子。其实，对于学龄前的儿童来说，对“结婚”有一种朦胧的向往是一种正常心理和生理反应。父母大可不必紧张，不能粗暴地制止，也不能心不在焉地不作回应，而是应该把这当成一个很好的教育契机。

儿子的“婚事”

一天，我去幼儿园接沛泽，小家伙儿欢蹦乱跳地从教室跑出来，大声地喊道：“妈妈，今天我和苗苗结婚了！”儿子的喊声引起周围的人偷笑，我也被儿子这突如其来的“婚事”吓了一跳。不过，我很快镇静下来。

“是吗？那真是一个好消息。”我抱着儿子上了车。一路上小家伙儿都在和我讲他是如何和苗苗结婚的，还告诉我，他现在没有钱，不能给苗苗买戒指，就用幼儿园草坪上的小草做了一个。他说等他长大了，赚钱了，就给苗苗一个真的、镶嵌着很多很多钻石的戒指。

看儿子兴致勃勃的样子，我不忍心打扰他。回到家，吃过晚饭后，我问儿子：“你为什么要和苗苗结婚呢？”“因为苗苗很大方，给了我一根很好吃的棒棒糖！”原来，小家伙儿的定情物竟然是一根棒棒糖。一根棒棒糖就收买了儿子的芳心啊！

“如果是壮壮给了你一根棒棒糖，你会和他结婚吗？”“那怎么可以，壮壮是男孩，我们只能做好哥们儿。”儿子很奇怪我为什么问这样的问题，还给我解释说："只有男孩和女孩才能结婚，就像你和爸爸。"

"那你知道为什么男孩和女孩才能结婚吗?"沛泽摇了摇头。"因为女孩可以生宝宝，将来可以做妈妈，男孩可以做爸爸。""那我和苗苗就生一个宝宝吧，我来做爸爸，她来做妈妈。"儿子很认真地说。还拍着胸脯，俨然现在就已经是一个男子汉，有能力当爸爸似的。

"那可不行，你们还小，你们自己还需要爸爸、妈妈照顾，怎么能照顾宝宝呢？你们现在是不能像大人那样结婚的，等你们长大了，如果你们还相爱，就可以结婚了。"沛泽似懂非懂地点了点头。

第二天，从幼儿园一回来，小家伙儿就哭鼻子了，儿子哭着告诉我，苗苗不喜欢自己了，理由是苗苗把棒棒糖给了另外一个男孩。由此看来，小家伙儿决定和谁结婚的关键是谁给他棒棒糖吃。

所以，当家长听到孩子说要和谁结婚时，你完全没有必要紧张，这并不是你想象的那样复杂，因为孩子们"结婚"的理由很简单，可能源于一根棒棒糖，或者是一件玩具也说不定，过两天，两人就分手了呢！

看沛泽哭得很伤心，我把他搂在怀里，好生安慰了一番。突然小家伙儿大声地宣布：我长大了，要和妈妈结婚！搞得在一旁看电视的老公"吓"了一跳。问儿子为什么要和妈妈结婚，儿子说因为妈妈爱他，在他伤心的时候，会安慰他。

"儿子，等你长大了，你就不会和妈妈结婚了，但你一定会找一个和妈妈一样善良的女孩子结婚的。"老公抚摸着儿子的头，笑着说。

如何处理孩子婚姻敏感期的问题

很多学龄前的孩子喜欢玩“新郎和新娘”的游戏，应该算是婚姻敏感期。所以，家长经常会听孩子说今天和谁结婚了，或者玩扮演新郎、新娘的游戏。对于这个问题，父母不必紧张，更无须上前制止。因为孩子们并不知道“结婚”的含义。

此时，作为家长，正确的做法是抓住这个机会跟孩子一起讨论性别问题，并教给孩子关于爱的价值观。告诉他什么是爱，如何与小朋友们表达爱，如何与爸爸、妈妈表达爱。等孩子大一些，就会明白了什么才是真正意义上的结婚，问题也会迎刃而解。

延伸阅读：请注意与孩子亲近的方式

我认识一个小男孩，他很小的时候，父母就离婚了，他一直跟妈妈生活，与妈妈的关系很好，非常爱他的妈妈。每次去幼儿园之前，都要搂着妈妈的脖子，学着电视、电影里成年人亲吻的方式来亲吻妈妈。

显然，这种亲吻方式是不妥的。但孩子的妈妈并不以为然，每次孩子这样做，妈妈都会很高兴。殊不知，这对孩子未来的成长是非常不利的，恋母情结往往就与年幼时与妈妈不当的相处方式有关。

所以，当孩子要求亲妈妈的嘴巴时，一定要告诉孩子，孩子跟孩子之间或者孩子与大人之间不适合这种亲吻方式，这是大人们亲吻的方式，孩子亲吻大人，亲脸颊就可以了。

我能一口气吃 10 碗饭，你能吗

孩子吹牛是自信、争强好胜的表现，只要不为过，偶尔为之，家长大可不必去批评孩子。

小区的草地上，三个小男孩在比赛吹牛，一个小男孩拍着自己的肚子说："你们谁也没有我的饭量大，我一口气能吃 10 碗饭，你们谁能?"

这个小男孩的话音未落，另一个小男孩马上接着说："能吃算什么本事，我的力气最大，我能一口气把一辆小汽车抬起来。"

"我的速度最快，我能一口气追上前面那辆小汽车。"一个小男孩指着刚刚驶过的一辆小汽车说。

……

就这样，三个孩子谁也不服气，都说自己的能耐大。最后竟然有一个小男孩说，他比武松还厉害，一巴掌下去，能打死两只老虎。

生活中，经常可以听到小孩子们吹牛皮，很多家长都很反感孩子的这个行为，当孩子吹牛皮时，会严厉地批评孩子。其实，对于一个四五岁的孩子来说，自我夸耀并不是一件坏事，这是一种正常现象，是心理健康的表现。

不仅如此，细心的人会发现，越是自信的孩子越爱吹牛皮。可以说，吹牛皮是孩子自信的表现。当孩子想引起人们的注意，让别人了解他所作出的成绩时，就会不知不觉地夸大事实，这样做无非就是想听到别人的表扬，受到人们的关注。

也许孩子们值得夸耀的成绩，在我们成人看来，是不值得一提的。但孩子不会这样想，他们只会看到自己的优点，而看不到自己的缺点，只会认为“我做得是最好的”，而看不到比自己强的人。

爱吹牛的儿子

小孩子最喜欢听老师表扬自己，老师的话堪比圣旨，每次沛泽在幼儿园受到了表扬，总是第一时间讲给我们听，让我们分享他的快乐，顺便让我们再表扬他一遍，让他重温一下快乐的心情。

一天，沛泽从幼儿园一回来，就迫不及待地从书包里拿出一张画，欢呼雀跃地喊道：“妈妈，妈妈，你快来看呀，这是我的画。”儿子把画在我眼前晃了一下。“好不好看？我们老师说我是画画的天才，将来能赶上王冕。”

“画的是不错，可不能骄傲，要再接再厉。”坐在一旁的老公，拿过儿子的画，端详了一番。儿子没有得到他预想的表扬，有些不太高兴，转过头来问我：“妈妈，我的画到底好不好看嘛？”

“好看，儿子画得很棒！”得到我的肯定，儿子有些得意忘形。“我的画是所有小朋友中画得最好的，比甜甜画得强多了，甜甜画的画可难看了，乌七八糟的，还有楠楠，他的画也不好，总是把太阳画得扁扁的……”小家伙儿一口气把班上所有小朋友的画都评论了一遍，得到的结论是：

所有人的画都一文不值，就我沛泽的画最好！

就在这时，邻居的小哥哥成成来家里玩，沛泽意犹未尽，又找到了诉说的对象，把自己的画又详详细细地夸奖了一番。不承想，成成的一句话，让沛泽的心情跌入了谷底。“这算什么，我画的画在区比赛中还得奖了呢！”

“那有什么了不起，我是没去参加比赛，要参加比赛了，肯定比你强。我会画飞机，会画梅花，还会画太阳……”儿子越说越急，差点跟成成吵起来。

等成成走后，儿子拿着自己的画进了房间，显然，儿子有些伤心。我走进儿子的房间，拿起儿子的画，仔细端详。“儿子，我觉得这朵花画得最好，栩栩如生。”“那有什么用，成成哥哥的画还得了奖呢！”

“成成说你的画没有他的好，你心里是不是很难过呀?”沛泽点了点头。“要是你跟别的小朋友说，他们的画没有你的好，人家是不是也会伤心呢?”儿子想了一会儿，又点了点头。

“所以，当你想让别人知道你的画有多么棒时，就来告诉爸爸、妈妈吧，我们愿意做你的听众，但不能在小朋友面前吹嘘，这样是不受欢迎的，就像故事中的那只骄傲的小孔雀。”

这件事之后，儿子很少在外人面前吹嘘自己，偶尔在我和老公面前吹嘘一番，我和老公都极力地配合，充当忠实的听众。因为我觉得这也是保护孩子自尊心的一种方式。

孩子爱吹牛怎么办

儿童都有争强好胜的心理，尤其是小男孩，他们更希望在众人面前，塑造一种英雄形象。所以，孩子偶尔吹吹牛，无可厚非，没有必要制止孩子，或者责备孩子。

当然，如果孩子经常吹牛，就应该采取措施，让孩子适当收敛，因为长此以往，容易让孩子爱慕虚荣。当孩子吹牛时，家长首先应该肯定孩子的好胜心，但同时也要告诉孩子，争强好胜不能夸大其词，否则，人家会不喜欢的。

其次，让孩子懂得换位思考，让孩子明白夸耀自己、贬低同伴，会令小伙伴难过。不妨建议孩子，如果想吹嘘自己时，先来告诉爸爸、妈妈，爸爸、妈妈是你忠实的听众。

延伸阅读：孩子吹牛也有可能是源于想象

有时孩子吹牛会毫无边际。比如，孩子会说他能打死一只老虎，或者说自己帮着警察叔叔捉小偷。当这种情况三天两头发生时，家长就会很担忧，疑惑孩子为什么这么爱吹牛？

其实，这并不是孩子有意要说大话，而是想象力丰富的结果。学龄前和学龄初期的孩子，想象力是十分丰富的，经常会把他听到的或者从书中看到的故事进行“加工”，这再正常不过了，做家长的不必惊慌，更无须斥责孩子，等孩子长大了，问题就会迎刃而解了。

老师，你吃我的饼干吧

幼儿巴结、讨好他人，是过早的社会化行为，多源于不良的社会风气，以及不当的家庭教育，如不能及时纠正，对孩子的成长是非常不利的。

贝贝4岁半了，是个很聪明的小姑娘，用她妈妈的话说，比较圆滑。贝贝每次去幼儿园，都会让妈妈在她的书包里装一些零食，起初，妈妈以为孩子太贪吃。一次，妈妈送贝贝去上学，在幼儿园门口见到了贝贝的老师，贝贝立马从书包里掏出一包饼干。

“老师，你吃我的饼干吧，我的饼干可好吃了，你尝尝吧。”贝贝拿着饼干非要往老师的嘴里塞，尽管老师一再拒绝，但贝贝还是把饼干硬塞到了老师的手里。

“你家贝贝每天都从家里带一些零食，给这里的老师吃，我们不吃她还不高兴呢！”老师的一句话让贝贝妈妈终于明白孩子每天非要带零食的原因，原来是为了奉承、巴结老师的。贝贝妈妈苦笑了一下，不知道对孩子的这种讨好行为，是该觉得好笑，还是担忧。这么小的孩子怎么就知道巴结、讨好人呢？长此以往，真不知道这种行为是否会影响孩子的健康成长？

可能很多家长都会有贝贝妈妈这样的担心。那么，孩子的这种行为到底是好还是不好呢？我认为儿童的成长应该符合其年龄特点。简单地说，每个人都应该做他年龄段该做的事。幼儿应该是天真无邪的，想哭就哭，想笑就笑，没有太多的顾虑。如果孩子太世故，懂得如何去讨好、巴结别人，自然对其成长是不利的。

一方面，幼儿行为过早“社会化”不利于建立正确的人生观，容易过早染上“金钱至上”的毒瘤，不利于孩子的健康成长；另一方面也不利于孩子正常的社会交往，交往过程中往往带有较多的功利化色彩。

“早熟”的孩子

我认识一个叫一鸣的小男孩，刚刚6岁，在人们眼中，他就是一个小大人。因为他总是表现出与年龄不相仿的成熟，说得通俗点，有点见人说人话，见鬼说鬼话。

一鸣是我们公司李总的儿子，平时一鸣的妈妈忙的时候，李总会把他带在身边。不是有那样一句话嘛，叫有其父必有其子。一鸣举手投足之间都有些李总的味道。按理说，他应该管我们这些人叫叔叔、阿姨，但他从来没有这样称呼我们，总是一副趾高气扬的样子，似乎他是在告诉我们：我是李总的儿子。

起初，我和同事都以为孩子不懂事，不懂礼貌而已。一次，公司总部派了一名督察员到公司检查日常工作，一鸣却表现得出奇的成熟，一口一个叔叔叫着，而且又是端茶又是倒水，说话的语气中带着献媚的成分。“叔叔，以前我听我爸爸提起过你，说你很能干，还要我向你学习呢！”这哪里像一个6岁的孩子，俨然一名公关人员，看着小男孩的一举一动，让我这个活了30多岁的人都感到汗颜。

事后，李总还在我们面前表扬了儿子。“一鸣，今天你的表现不错，要知道咱们可得罪不起上面的人，要好生服侍，这点你像老爸，有做生意的潜质。”李总笑得合不拢嘴。为了奖励儿子，他还答应给儿子买一件他喜欢的玩具。

“爸爸，那你就给我买一个芭比娃娃吧？”一鸣要求道。“芭比娃娃是女孩的玩具，你一个小男孩要芭比娃娃做什么？”李总对儿子的这个要求感到有些不解。

“爸爸，你刚才不是说要和上面搞好关系吗？我这个芭比娃娃是送给我们老师的女儿的，那样我和老师的关系就搞好了呀！”天呀，这么小的孩子就懂得“行贿”了，而且还采取了“曲线救国”的方略，真是了不起。

“对呀，我儿子就是聪明，你的主意不错。好，我现在就开车带你去买，好不好？”李总得意地拉着儿子去购买玩具。

俗话说，种瓜得瓜，种豆得豆。真是有什么样的父母就有什么样的孩子。孩子这么小就懂得了世故圆滑，懂得讨好、巴结人，将来孩子长大了，会怎么样？他会有真心朋友吗？会受到人们的尊敬吗？

记得沛泽有一次为了能玩一会儿壮壮新买的玩具，竟然偷偷地背着我，拿了家里的钱，给壮壮买了他最爱吃的炸薯条。也许在有些家长看来，这并不是什么大事，但我认为这件事的性质是恶劣的。事后，我狠狠地批评了孩子，并告诉他即便是想玩别人的东西，也不能不择手段，献媚、巴结的行为更不应该提倡。

防止孩子过早社会化，家长有责

孩子过早的社会化，对其性格的培养、健康的成长都是不利的。那么，作为家长该如何引导孩子走上正途呢？我认为，最关键的一点，家长要以身作则，在家庭教育中正确引导孩子的言行。

我们不能否认，幼儿的讨好行为与社会因素有很大的关系，但最重要的还是家长的影响。如果家长世故、圆滑，或者在教育孩子时，毫不忌讳地与孩子交流如何巴结领导、讨好他人，这就会直接影响幼儿的行为判断标准，并在潜移默化中效仿家长的行为。

值得注意的一点，家长要尽量规避“功利”交往出现在孩子面前。身教重于言传，好的榜样会促进幼儿的成长，同样，一个坏的榜样也容易导致幼儿偏离正轨。

延伸阅读：孩子讨好的行为也有可能源于不自信

日常生活中，你会发现有的孩子总是毫不保留地把自己的玩具、好吃的送给每一个小朋友，可能你会觉得孩子懂事，懂得分享。但我认为如果孩子把自己仅有的零食，或者最喜欢的玩具都让给别人玩，就不一定是懂事那么简单，很可能是巴结、讨好别人的行为。

那么，孩子为什么会巴结、讨好每一个孩子呢？这是因为孩子不够自信，担心小朋友不和他玩，他害怕孤独。所以，就用玩具、美食来留住小朋友。如果是这样，家长应该注重培养孩子的自信心，以及独立的能力。

唉，我怎么这么失败呢

当孩子遭遇挫折哭闹时，斥责是糟糕的做法，正确的做法应该是帮助孩子面对挫折，解决问题，正确地宣泄情绪。

3 岁的闹闹和小伙伴们比赛谁跑得快，几个孩子在地上画了一条线，然后纷纷英姿飒爽地站在起跑线上。只听一个孩子大喊一声“跑”，孩子们就争先恐后地跑向前面的喷泉，那里是比赛的终点。

在这群孩子中，闹闹年龄最小，所以，每次他都跑在最后面。起初，小家伙儿还不服气，每次输了都大喊一声“再来”，然而，几次下来，闹闹都输了。这下，闹闹不干了，一屁股坐在地上大哭起来。

“你哭什么呀？快起来！”闹闹的奶奶听到孙子的哭声，跑了过来，不分青红皂白就把孩子数落了一顿。闹闹从奶奶那里没有得到同情，不停地用脚踢着地面。

“你这孩子刚才还玩得很高兴，怎么说发脾气就发脾气呢？”对于孙子的无理取闹，奶奶更加生气了，还用手轻轻地在孙子的后背上打了一下，以示惩罚。这让闹闹更加委屈，哭得上气不接下气。最后，奶奶拉着哭闹的孙子朝家的方向走去。

恐怕直到这时，闹闹的奶奶也不明白孙子为什么会无端地发脾气。很多时候，家长因为工作忙，生活压力大，无视孩子的情绪，当孩子哭闹时，只是一味地批评，而没有认真分析孩子为什么会无端发脾气，不曾了解无端发脾气背后的故事。

对于幼儿来说，很多时候，孩子发脾气是因为受到了挫折，不知道如何去处理挫折，就会以哭闹的形式表现出来。如果家长细心早点发现这些问题，教会宝宝如何面对挫折，遇到挫折时，如何正确去处理，孩子就不会在遇到挫折时，手足无措，只会哭泣了。

孩子发脾气为哪般

我们成年人总是习惯一厢情愿地去猜测孩子的心理，总觉得这么点小屁孩除了吃、睡，就是玩，不会有什么情绪，更谈不上会遇到什么挫折，因为只要孩子愿意，很多事情都可以由大人帮忙完成。

实际上，并非如此。孩子在成长的过程中，会遇到很多挫折。比如，无法拿到桌子上的饼干，也许，在你看来，这是微不足道的挫折，但对孩子来说，却是天大的难事，以致他会急哭的。可偏偏又在这个时候，受到了父母的批评，心情简直糟糕透了。

沛泽是一个上进心很强的孩子。记得刚上学前班那会儿，老师教他们读汉语拼音，每天回到家里，沛泽都会很认真地温习，并读给我们听，让我们看他是否读得准确。

一天，沛泽从学校回来，同往常一样开始练习读拼音，当时我正在厨房准备晚饭，老公则忙着准备明天开会的材料，谁也没有注意到儿子情绪的不对。直到沛泽把他的文具盒重重地摔在地上，发出很大的声响，我才意识到儿子的情绪有些不对。

“好端端的，摔什么东西，越来越不像话了！”老公正在写材料，被这突然的声响吓了一跳，一股无名火蹿上了额头，对儿子凶相毕露。儿子哇哇地大哭起来，令老公更加生气，我见状赶紧把儿子拉到了卧室。

“告诉妈妈怎么回事，为什么突然发脾气呀？”沛泽用手不停地擦眼泪，抽噎地说：“老师今天教了我们一个拼音，可是我怎么也想不起来它怎么读了。”

“哦，原来是这样啊，你别哭了，哭了也没有用，妈妈帮你想想办法好不好？”我帮儿子擦掉了脸上的泪水。“儿子，你还记得那个拼音是怎么写的吗？你写给妈妈看，妈妈就知道它怎么读了？”

“我想不起来了，想不起来了。”儿子急得直跺脚。“我在学校的时候还会读，现在一下子就想不起来，我怎么这么失败呀！”儿子越是着急越想不起来。于是，我对儿子说：“这样吧，我们先吃饭，吃完饭，我们给老师打个电话，问一下不就知道了吗？”

儿子接受了我的建议，去洗手吃饭。吃过饭之后，我正在厨房洗碗筷，儿子突然大叫着跑进厨房：“妈妈，我想起来了，想起来那个拼音怎么读了。”儿子一遍一遍地读给我听，还用手比画着怎么写。

“儿子，下次再遇到这样的情况，可不能哭了，更不能发脾气，发脾气解决不了任何问题，我们要想办法解决问题。”儿子使劲地点了点头，脸上露出了开心的笑容。

改变宝宝受挫折的情绪

很多家长发现，现在的孩子都非常娇气，受了挫折就会哭闹，很令人们头痛，那么，有没有什么办法改变孩子的这种状况呢?

首先，当发现孩子情绪不对时，不要急着去批评孩子，大人应该协助孩子找到不快乐的原因。因为幼儿由于语言表达能力有限，常常无法正确表述自己为何不高兴。

其次，当孩子受到挫折哭闹时，家长要关注孩子的情绪，帮他缓解激动的情绪，并帮助孩子寻找解决的办法。把问题解决了，孩子自然不会哭闹了。

最后，父母要以身作则，有些父母遇到一点挫折、烦心事，就会大发脾气，这种做法无疑会影响孩子，成为孩子效仿的对象。

延伸阅读：教孩子正确地发泄情绪

每个人都会有情绪低落的时候，孩子也不例外，但孩子与大人不同。大人心情烦躁时，可以借酒消愁、打打游戏、唱唱歌，或者找朋友倾诉一番。但孩子不懂如何调节情绪，除了哭，他们不能做任何事情。

因此，父母要教会孩子正确地发泄情绪。比如，告诉孩子生气的时候，大声地喊两声，或者使劲地跺跺脚，只要孩子的发泄方式不会伤到别人，影响到别人，都可以让孩子尝试。

我不是小偷，只是太喜欢这件玩具了

请不要把孩子拿别人东西的行为，随意地扣上一个“偷”字。也许，一个“偷”字会影响孩子的一生。

一大早，就听见楼下有孩子哭。打开窗户向下望去，是一对母女，女孩名叫靓靓，快4岁了。“你为什么总是拿幼儿园里的东西，妈妈说过多少次了，幼儿园里的东西是不能拿回家的。”

靓靓的妈妈从女孩的书包里翻出一只玩具熊，严厉地批评女儿。女孩不说话，只是哭泣。“别哭了，你答应妈妈再也不拿别人的东西了，妈妈就不批评你了。”靓靓抽噎地说：“妈妈，我再也不拿幼儿园里的东西了。”

两天后的一天傍晚，我又见到了这对母女。靓靓的妈妈刚刚把孩子从幼儿园里接回来，小家伙儿跟在妈妈的身后一个劲儿地哭：“妈妈，我不是小偷，我只是太喜欢这件玩具了。”

“你喜欢也不能拿回家，你看看，现在小朋友们都叫你小偷，就连老师都觉得你是一个坏孩子，你现在哭有什么用。”看到孩子因为拿别人的东西，被称为小偷，靓靓的妈妈心情也很不好。

“你说家里条件也不错，这孩子为什么总拿别人的东西呢？这算不算偷啊？我都不知道怎么办了？”靓靓的妈妈苦恼地问我。

靓靓妈妈的苦恼在很多家庭都曾发生过，我认为孩子的行为并不能算是偷。因为这并不是真正意义上的偷，家长或者老师轻易地给孩子扣上小偷的帽子，是不妥的。

对于幼儿来说，他们还没有走出以自我为中心的圈子，很多时候，他们拿别人的东西只是因为喜欢，就像靓靓辩解的那样：“我只是太喜欢这件玩具了。”因为喜欢，所以，我把它拿回家，这就是孩子的思维方式。

儿子把小熊带回了家

幼儿的思想是单纯的，喜欢的东西，我就拿回家里，这是孩子拿别人东西的重要原因。可是，很多时候，我们成人总是委屈孩子，认为是孩子偷了东西，冠以小偷的帽子。这对孩子的心理该是多么大的伤害啊！

沛泽刚上幼儿园那会，对幼儿园里的很多稀奇的玩具都很感兴趣。有一次他对我说：“妈妈，我好想把幼儿园里的山洞搬回家，那样我回家也可以玩过山洞了。”由于山洞太大，太重了，所以，儿子没能把山洞搬回家。不过，他拿走了幼儿园的一只玩具熊。

一天晚上，我在给儿子整理书包时，发现孩子书包里有一件不属于他的玩具。于是，我问儿子：“沛泽，你告诉妈妈，这只玩具熊是从哪里来的？”“我好喜欢这只玩具熊，就偷偷地背着老师把它拿回了家。”

“你把小熊拿回了家，其他的小朋友就不能玩了，该怎么办呢?”我用伤心的语气问。“幼儿园里有很多很多玩具，小朋友可以玩其他的玩具。”看来，儿子是知道拿幼儿园里的玩具是不对的，只是自己控制不住而已。

“那要是别的小朋友也喜欢这只玩具熊怎么办呢?”我启发儿子去换位思考。儿子托着下巴想了好一会儿，没有说话。“如果每个小朋友都把幼儿园的玩具拿回家，幼儿园里不是就没有玩具了，一点都不好玩了，你还喜欢幼儿园吗?”在我不断的启发下，儿子决定明天一早就把玩具熊还回去。

这时，我又想到了另外一个问题，如果别的小朋友看到儿子把玩具拿回了家，会不会有人叫他小偷呢?如果是这样，对儿子的伤害一定很大。于是，我在沛泽睡觉之后，悄悄地给他的老师打了一个电话。希望老师能够在班上表扬儿子把玩具送回幼儿园，一来是对孩子的一个鼓励，二来还可以堵上小朋友们的嘴。在我说明了情况之后，老师表示愿意配合。

第二天儿子从幼儿园回来，非常高兴，一蹦一跳地跑到了我的跟前：“妈妈，老师今天表扬了我。”我装作什么都不知道，很吃惊的样子。“是吗?快跟妈妈说说，你做了什么好事?”

“老师说，感谢我把小熊送回了家。”儿子趴在我的肩膀，调皮地说。“是呀，每个人都有自己的家，小熊也有，离开自己的家，找不到自己的爸爸、妈妈，会伤心的，所以，你不能随便让小熊离开家。”

自从这件事之后，儿子再也没有拿过幼儿园里的东西，我很感谢老师与我的配合，让儿子在愉快的情绪中纠正了自己的错误行为。

纠正孩子拿别人东西的行为靠智慧

幼儿都有拿别人东西的行为，只是次数或多或少而已。当发现孩子拿别人的东西后，请不要着急去责备孩子，首先应该了解孩子是出于什么原因把别人的东西拿回了家。

有的孩子有时会把误以为是自己的东西拿回家，这种情况多发生在一两岁的孩子身上。如果是这样，父母应该把孩子的东西拿出来给他看，告诉孩子哪些东西是自己的，哪些东西不是自己的，不是自己的东西没有得到别人的允许，是不准拿回家的。

更多时候，孩子把别人的东西拿回家，是出于好奇、喜欢，就像沛泽喜欢幼儿园里的小熊一样，他只想多玩一会儿。这时，就应该告诉孩子这种行为是不对的，因为集体的东西是不可以随便拿回家的。

俗话说，没有规矩不成方圆。只有慢慢地教会孩子懂规矩，孩子拿别人东西的毛病才会被最终克服掉。

延伸阅读：孩子拿别人的东西，屡教不改，重在培养自制力

生活中，我们发现有些孩子已经六七岁了，有了判断是非的能力，还是依然会把别人的东西拿回家，而且孩子也明白拿别人的东西是不对的。可是，孩子为什么还会拿呢？这让很多家长感到不解，有些家长甚至为此打了孩子，

可是孩子依然屡教不改。

如果是这样，我认为问题应该出在孩子的自制力上。由于自我控制力不强，看到别人的东西好玩，孩子就会控制不住自己。这种情况下，父母应着重培养孩子的自制力，警惕孩子发展成小偷。

你急什么呀，等一会儿嘛

改变孩子的磨蹭，需要足够的爱和耐心，切不可操之过急或大发雷霆，否则，只能事与愿违。

这已经是小周这个星期第三次迟到了，领导狠狠地批评了她，告诉她如果再迟到，以后就不要再来上班了。其实，小周并不是个懒惰的人，而且还是个急性子，可偏偏遇上了一个爱磨蹭的女儿。

小周的老公经常在外出差，照顾女儿的事就落在了小周一个人身上。每天早晨，小周都要把女儿收拾妥当，送到幼儿园，才来上班。可最近女儿不怎么听话，每天早晨都不愿意起床，任凭小周怎么催促，小家伙儿就是像蜗牛一样慢。小周催急了，孩子就不紧不慢地回应："着什么急啊，等一会儿嘛。"令小周哭笑不得。

"人家都说我是急惊风，我就不明白了，我这个性格的人怎么生出一个'慢郎中'呢？每天早晨我都快要喊破喉咙了，小家伙儿还是慢得像蜗牛。"小周说起自己的女儿，就苦恼得不得了。

为了自己上班不再迟到，也为了改变女儿的磨蹭，小周对女儿的态度发生了变化，由以前的斥责发展到打骂。本以为女儿会在她的震慑下有所改变，不承想，孩子磨蹭的问题不仅没有解决，还增添了新毛病，做事畏首畏尾，胆小怕事。

孩子做事磨磨蹭蹭有很多原因，如果不找到原因，光是责备、打骂，不仅解决不了问题，还有可能把问题越弄越糟，常常是旧病未去，又添新病。

后来，小周经过细心的观察，发现女儿早晨做事磨蹭，是因为不喜欢去幼儿园，对幼儿园充满了恐惧。所以，总是希望再磨蹭一会儿，再晚去一会儿。只有让孩子爱上了幼儿园，才能从根本上改变孩子磨蹭的坏毛病。

好逸恶劳的儿子

孩子慢性子，做事拖拉，磨磨蹭蹭，有些是天生的性格使然，要彻底改变慢性子不大可能。不过，大多数孩子的慢性子是有原因的，自己不感兴趣的事情，不愿意做的事情，抑或依赖性太强等，都会导致孩子做事拖拖拉拉，磨磨蹭蹭。

一年暑假，沛泽在姥姥家小住了一段时间。从姥姥家回来之后，我就发现孩子变懒了，什么事情都不愿意做。以前，早晨起床后，会自己穿好衣服，然后刷牙、洗脸，10分钟左右就能把自己打理好，现在却要花上半个小时，甚至更长的时间。

一天早晨，沛泽已经醒了，但还是不愿意起床，躺在被子里。眼看着我上班就要迟到了，立马催促小家伙儿快点起床，可小家伙儿却不耐烦地说："你急什么呀，等一会儿嘛!"然后，儿子又不慌不忙地伸伸懒腰，踢踢腿，从被子里出来就花了足足5分钟。

我急得都快成热锅上的蚂蚁了，可他还是一副慢吞吞的样子，拿着衣服，晃来晃去，就是不肯穿。我实在没有时间跟他耗下去，拿过衣服，三下五除二，帮他穿好，又帮他打了洗脸水，挤好牙膏。

本以为孩子是偶尔撒撒娇，磨蹭一下。不承想，这之后，他越发变本加厉了，每天早晨闹钟响了三遍，他还嘟囔着说要睡一会儿。费了九牛二虎之力，终于把儿子叫起来，他又开始磨磨蹭蹭地不肯穿衣服，一连几天，孩子都是这样。

一天，我给妈妈打电话，才得知在妈妈家小住的这段时间，都是妈妈帮儿子穿衣服，然后打好洗脸水，挤好牙膏。看来，这小家伙儿是变得依赖人了。我决定治一治儿子的坏毛病。

周五的晚上，我告诉儿子，周六爸爸要带着我们去游乐园玩，早晨 7 点半就出发。听说去游乐园，小家伙儿自然高兴。第二天一大早，闹钟响了，我喊了儿子一声，小家伙儿哼了一声，但没有起身，依然在赖被窝，我没有理会他。

小家伙儿以为我会像前两天那样，帮他穿好衣服，收拾东西，所以，在床上磨蹭了足足有一个小时。见我没有进来，急得喊了起来。我不慌不忙地走进房间："沛泽，昨晚我们已经说好了，早晨 7 点半就出发，你看看现在已经快 8 点钟了，由于你的磨蹭，我和爸爸决定今天不去游乐园了。"

听说不去游乐园了，沛泽急得哭了。但我并没有因此改变主意。"谁让你磨蹭了，以后如果你还是这样，妈妈也不会过来帮忙，那么，你去幼儿园就会迟到，老师就会批评你。”从这以后，儿子做事再也不磨蹭了，因为他知道自己再慢吞吞的，也不会有人帮助他。

纠正小磨蹭

纠正孩子做事拖拉、磨蹭的毛病，首先要找出背后的原因，方能对症下药。通常孩子做事磨蹭有以下几大原因。

1. 注意力不集中

有些孩子对大人的吩咐总是表现得漫不经心，好像没听到大人的话。所以，做起事来总是慢吞吞的，这种情况多是因为孩子的注意力不集中。这样的孩子可以用他感兴趣的事情来刺激他。比如，给他讲故事听，看动画片等，激发孩子做事的注意力，培养孩子注意力的持续时间。

2. 孩子缺乏自信心

在望子成龙、望女成凤的心态下，有些家长总是不由地提高对孩子的要求，当孩子达不到要求时，就会指责孩子，久而久之，孩子就会失去了信心，对父母要求做的事，就会拖拖拉拉，慢慢腾腾。对于这样的孩子，父母只要改变心态，不苛求孩子，就能改变孩子做事拖拉的习惯。

3. 孩子依赖性太强

我儿子沛泽做事拖拉就属于这种情况。因为他心里有一个小算盘：“我做事慢一点，爸爸、妈妈就会帮我做。”在这种心态驱使下，孩子就会拖拉。如果是这样，那就需要父母检讨一下，是不是对孩子照顾得太过细致了，以致让孩子养成了懒惰的习惯。

延伸阅读：孩子天生是个慢性子怎么办

生活中有这样一类孩子，无论做什么事情都比别人慢半拍，起床、穿衣、吃饭等，总会落在后面，哪怕是父母大发脾气，孩子依然如此。

这样的孩子往往天生就是个慢性子，做事磨蹭、拖拉。所以要想从根源上改变这类孩子磨蹭的习惯可能不太现实。面对这样的孩子，发火是没有用的，更不能嘲笑孩子的慢，而是对他的每一点小小的进步都给予表扬，来激发孩子提高做事的速度。

我是个笨小孩，小朋友们不喜欢我

要想让自卑的孩子变得自信，训斥是没有用的。多给孩子一些鼓励，多看孩子的优点，多让孩子体会到成功的快乐，才是解决之道。

每天傍晚，我都看见一个有着长长的睫毛，长着一双大眼睛的小女孩出现在小区的草地上。这个小女孩与其他孩子不同，很安静，不吵也不闹，总是跟在妈妈的身后，看到陌生人，会不由地躲在妈妈的身后，偶尔有小朋友过来和小女孩打招呼，小女孩也不吭声，把头低得很低。

一天，我又见到了那个漂亮的小女孩，这次小女孩手里抱着一个布娃娃。也许是漂亮的布娃娃吸引了小朋友们的注意，都跑了过来，上来摸一摸。“莉莉，去和小朋友们一起玩吧。”女孩的妈妈推了推躲在身后的女儿，小女孩摇了摇头。

“你给我玩一会儿你的布娃娃吧，它太漂亮了，我好喜欢。”一个比莉莉小一点的穿着花裙子的女孩要求道。莉莉还是没有说话，可怜巴巴地看着妈妈，妈妈没有作声。穿着花裙子的女孩见莉莉没有说话，就上来抢走了莉莉的布娃娃，莉莉嘟着嘴巴，很不高兴。

“如果你不想给小朋友玩，就跟小朋友们要回来好吗?”妈妈在一旁鼓励孩子要回属于自己的东西。小女孩摇了摇头，不吭声。妈妈有些生气了，责备孩子道：“没见到你这么自卑的孩子，什么事情自己都做不了主，你自己的东西为什么都不敢去要回来呢?”受到妈妈的责骂，小女孩委屈地哭了，声音很小，像怕惊动路人似的。

这个小女孩是典型的自卑表现。自卑是一种消极的心理，儿童产生了自卑心理以后，总感到处处不如别人，做事畏首畏尾，知难而退，缺乏克服困难的勇气和决心。如果不加以纠正，势必会影响孩子的人际交往，以及学习的积极性。

妈妈，我是一个笨小孩

很多家长在发现孩子“不争气”后，会严厉地批评孩子，训斥孩子。但这样做，只会让孩子越来越自卑。我认为要克服孩子的自卑关键是让孩子体会到成功的快乐，让孩子认识到自己并不比别人差。

沛泽两岁半就上了幼儿园，在他们班上他的年龄是最小的，所以，在接受能力以及学习能力上与其他孩子存在着一定的差距，这让好胜心很强的儿子很是苦恼。

一天，沛泽从幼儿园回来，就嘟着小嘴，眼泪在眼圈里打转。经过询问，我得知沛泽在绘画课上最后一个画完，小朋友都嘲笑他。“妈妈，我是一个笨小孩，小朋友们都不喜欢我。”儿子伤心地说。

看到儿子这个样子，我心里也很难过，儿子年龄这么小，要求他和别的孩子一样优秀，有些难为他了。我想了想，对儿子说：“沛泽，你是你们班上最小的孩子，画得慢一点，是可以原谅的。”“不，妈妈，我要和他们一样好，不然他们会笑话我的。”儿子固执地回答。

“那你把你的画拿出来给我看看，你画得虽然慢，但不一定画得不好呀！”沛泽半信半疑地从书包里拿出他的画。其实，我并不是要对他的画进行评价，我只是想让孩子看到自己优秀的一面。当我表扬儿子的画画得好时，儿子的脸上闪过一丝惊喜，随即又消失了。喃喃地说：“不知道老师会不会夸奖我的画。”

老师在孩子的心目中有着举足轻重的地位，老师的一句夸奖，不仅能让班上的孩子对沛泽刮目相看，也能激起沛泽的自信心，这对于帮助他克服自卑的心理是非常重要的。于是，我背着儿子与老师进行了沟通，希望老师在班上多表扬沛泽。

第二天，沛泽从幼儿园回来，心情明显好多了，他告诉我老师表扬了他的画。“是吗？那太棒了，我也觉得你画得很不错。老师是怎么表扬你的呢？”“老师说，我画得慢，但我的画最漂亮。”小家伙儿举着手里的画在我面前晃来晃去。

这件事也给了我很大的启发，当孩子表现得不是很好时，我不会苛求孩子，而是帮孩子分析，让孩子看到积极的一面，取悦孩子，让孩子感到快乐。对于一个两三岁的孩子来说，是帮助他克服自卑，建立强大内心的关键。并告诉孩子，不要凡事都追求个好结果，有时过程比结果更重要。当孩子感受到了过程的快乐时，自然就不会太在意结果了。

幼儿克服自卑心理的对策

幼儿自卑心理往往来源于失败的经验，来源于不快乐的因素。比如，当看到别的孩子都比自己跑得快时，孩子心里就很不是滋味了，如果再有人叫他小蜗牛，孩子就有可能感到自卑。所以，克服幼儿的自卑心理关键在于给孩子愉快的感受，以及成功的喜悦。

作为家长，不要苛求孩子，不要希望孩子把每一件事情都做得尽善尽美，符合自己的标准，而是应该帮助孩子看到积极的一面。钟爱孩子，接受孩子，当孩子有了小小的进步，应及时地给予积极的评价，并且让孩子逐渐认识到过程比结果更重要。当然，家长也不能以结果成败论英雄。

延伸阅读：幼儿自卑心理的表现有哪些

幼儿自卑是指幼儿由于某种原因怀疑自己、轻视自己，在社会交往或集体活动中懦弱、害羞和畏惧。通常会有以下表现：

一是不敢在公开场合讲话。自卑的幼儿害怕在陌生人或者集体活动中讲话，即使说话，声音也会很小，不敢大声说。

二是缺少主见。自卑的幼儿常常表现为自己的事情自己做不了主，回答问题思前想后，优柔寡断。

三是自闭，不愿意与人交往。自卑的幼儿喜欢一个人独处，从不主动地提出问题。

两种鱼为什么不同

3 岁以下婴幼儿的思维方式特点为转导推理思维，所以，孩子总会给我们制造一些麻烦，顶撞家长。

那天，我在公交车上遇到一对母女，一路上这对母女都在“争吵”，起因是由孩子看到路边有一个卖鱼的商贩引起的。

“妈妈，那是什么?”女孩指着站在路边卖鱼商贩手里的鱼问。“那是鱼。”“那为什么和你给我买的鱼不一样呢?”女孩不解地问妈妈。“那是金鱼，这是你吃的鲤鱼，是不一样的。”

“那为什么它们不一样也都叫鱼呢?”妈妈的回答依然令小女孩百思不得其解。“因为它们都生活在水里，都会游泳啊!”女孩听到妈妈这样的回答，立马惊恐起来，大喊道：“妈妈，快下车，快下车。”

孩子的突然发飙令孩子的妈妈紧张起来，连忙问：“宝贝，怎么了？哪里不舒服吗?”女孩的妈妈摸了摸女孩的头。“我不要去水立方游泳了，不要去!”女孩急得都快哭了。

“为什么呀？我们不是和小朋友约好了吗?”“游泳会变成鱼，那我就找不到爸爸、妈妈了。”说着小女孩的眼泪已经掉了下来。

这并不是一个笑话，而是发生在我身边的一个真实的故事。可能很多人也会接触到这种类似的“笑话”，那么，孩子为什么会有这样可笑的想法呢？这是因为孩子受思维发展和生活经验的局限，运用的是一种特殊的推理——转导推理。

转导推理是3岁以下婴幼儿的思维方式特点。转导推理是以从一个具体的视察中形成一个具体的结论为根本的。它和成人的演绎推理和归纳推理形成了比较。转导推理经常会导致错误的结论，就像“笑话”里女孩的推理进程：鱼会游泳，我也会游泳，所以我是鱼！

爱反驳的捣蛋小孩

从小教孩子讲道理好不好？可能你会不假思索地回答“好”。不过我想告诉你的是，道理讲多了，就会给自己带来麻烦。因为孩子会用你教给他的道理来反驳你，让你搬起石头砸自己的脚，让你哑巴吃黄连——有苦难言。

沛泽是个聪明伶俐的孩子，当他犯错误的时候，我通常会采用晓之以理，动之以情的方式让儿子自己认识到错误，每每都能收到很好的效果，我一向以此为豪。然而，渐渐地，我却发现儿子会反驳我了，而且经常学我的样子，给我讲我曾经给他讲过的道理，弄得我哑口无言。

周末的早晨，我准备带着儿子回娘家，可是儿子起床后，就磨磨蹭蹭的，半天也没有穿好衣服。我有些着急，催促道：“快点，我们要去姥姥家的。”“我知道了，可是你不是要我做事要有耐心，要细心嘛！”儿子不慌不忙地回敬我。我一下子被反驳得哑口无言，悻悻地离开了房间。

过了一会儿，我再次走进卧室，儿子依然没有穿好衣服。“你为什么不能快点呀？”当我再次催促儿子时，儿子依然有理，回敬道：“为什么要快？外婆家又跑不了！”好不容易，儿子穿好了衣服，收拾妥当，出了门，还不忘教训我一顿：“妈妈你不可太心急，做事要有条不紊。”我一个趔趄，差点摔倒。

到了妈妈家里，妈妈便问我：“杨子怎么没来？”还没等我回答，儿子就抢着说：“姥姥，杨子要加班，他不能来了。”听到儿子直呼父亲的大名，我有些生气，责备他说：“你怎么能直呼爸爸的名字呢？你应该叫爸爸！”

“算了算了，晓梅，孩子还小，别教训他了。”妈妈在一旁替儿子说起情来。“晓梅，你和姥姥可以叫爸爸杨子，我为什么不可以叫他的名字？”儿子理直气壮地问我。“你不仅不能叫爸爸的名字，也不许直呼妈妈的名字。”“为什么要这样？”我被儿子一连串的问号差点问倒，又气又恼。

事后，我静下心来好好思考了一下这个问题，我认为问题出在我太爱给儿子讲大道理了。由于孩子的思维有限，他无法理解不同的场合人们的行为需要有一定的灵活性，才会导致孩子以一条真理放之四海皆准。所以，我改变了以往的大道理说教法，而是注意具体事情具体要求。

一次，沛泽起床晚了，依然在床上磨磨蹭蹭地穿衣服，当我催促他快一点时，他依然用“你不是总叫我做事要仔细、耐心嘛”来反驳我。“你这样下去，我上班就要迟到了，你上幼儿园也会迟到，我们没有足够的时间在穿衣服上磨蹭。”沛泽听我这么说，无言以对，不由地加快了速度。

如何应对爱反驳的孩子

民主和谐的家庭氛围对孩子的健康成长非常重要，所以，当孩子犯了错误时，很多家长都会采取说理的方法，给孩子营造一个轻松的氛围去纠正错误。可是，爱“说理”的家庭，同样会遇到一个问题，那就是孩子爱反驳。

对于3岁以下的孩子来说，由于受转导推理思维的限制，他们还不能灵活利用父母制定的规则，所以，总会出现顶撞父母的行为。因此，建议家长采用具体事情具体要求的方法，不要笼统地给孩子制定一个标准，这样孩子就知道如何处理不同的事情，而不至于因为标准不一，出现顶撞父母的情况了。

延伸阅读：请不要在孩子面前使用“特殊情况例外”的字眼

很多家长都会遇到这种情况，当你要求孩子做一件事情时，孩子总是有理由反驳你。就拿催促孩子快点起床来说，孩子会反驳你：“为什么要快，你不是告诉我做事要认真嘛！”遭到孩子这样反驳时，可能很多家长会随口回一句“特殊情况例外”。

殊不知，这句“特殊情况例外”将成为孩子反驳你的法宝，当他因为生病不愿意去上学时，他可以随口回应一句“特殊情况例外”，令你无言以对。所以，最好的教育方法应该是具体问题具体分析，千万不要采用一言以蔽之的教育方式，不然你就有苦头吃了。

我要再玩一会儿

为什么孩子到了深夜，依然玩性大发，不肯睡觉呢？难道他不困吗？这是因为他没有时间观念，不知道为什么天黑就要睡觉。

这两天，好友凡整天无精打采的，上班也时常出错，害得她被领导批评，而这一切都要归咎于她的儿子。凡的儿子小超3岁了，是个精力充沛的小家伙儿。在幼儿园里别的小朋友都乖乖地睡午觉，小家伙儿却在小床上蹦来蹦去，把睡觉的小朋友全部吵醒。

等到小朋友都起床去外面做游戏时，小超却哈欠连天，没有精神，躺在小床上睡觉，老师拿他也没有办法。因为中午睡觉睡得晚，所以，到了晚上，小超的精神头就来了，一会儿拉着妈妈要做游戏，一会儿又要缠着爸爸讲故事，有时要折腾到后半夜才能睡。害得凡睡眠严重不足，以致白天工作精神不集中，屡屡出错。

“我现在真不知道怎么办才好。小超睡觉从来都没有准时候，想什么时候睡就什么时候睡，搞得我身心疲惫。”每每说到儿子的睡觉问题，凡都是一副痛心疾首的样子。“我为了哄他睡觉，就许诺他睡好了觉，就会去公园玩，可是小家伙儿像个聋子似的，毫无反应。我催促了好几遍，小超漫不经心地回了一句：我要再玩一会儿。”

其实，小超的问题并不是个案，很多孩子和小超一样，到了睡觉的时间不睡觉，到了起床的时间不起床。因为对孩子来说，时间是抽象的，他是没有时间概念的，当然就不知道什么时候该睡觉，什么时候该游戏了，这种现象是正常的。

至于孩子在玩游戏时，不理睬别人的行为，我倒觉得是好事，这说明孩子的注意力集中，如果是这样，还是不要打扰孩子的好。

精力充沛的“坏小孩”

孩子的世界是无忧无虑的，可不像我们大人那样有规律可循，每天到点上班，到点下班。对于幼儿来说，只要高兴，什么时候干什么事情都是理所当然的。如果你家的宝贝精力旺盛，与你的作息背道而驰，那么，真的是一件很不幸的事情，因为你会被小家伙儿搞得精疲力竭。

记得沛泽 2 岁的时候，和凡的儿子小超差不多，睡眠没有一点规律，常常是想什么时候睡就什么时候睡。上了一天班，晚上还要陪儿子做游戏到深夜，真是一个非常严峻的考验，有时我会在给儿子讲故事的时候，就睡着了。

为了改变这种痛不欲生的生活，我决定改变儿子的坏毛病，给他树立规矩，每天晚上 8 点半必须准时上床睡觉，即便是不困，也要把儿子拉到床上，做好睡前的准备。当然，这并不是一件很容易的事情。

为了配合沛泽，我和老公每天晚上 8 点准时关电视，梳洗之后，就带沛泽去卧室，关闭房间里的灯，只留一盏台灯。起初，沛泽很抗拒。一天，儿子正在搭积木，见小家伙儿已经把积木搭好了，我就对儿子说：“晚上到了，小积木也要回家找妈妈睡觉了。只有睡好了，明天才有精力玩。”

“可是，我还不想睡觉啊！”儿子把积木放到了一边，又去拿小汽车。“晚上到了，司机都要睡觉了，如果休息不好，开车是很危险的哦。你听，司机师傅都对你发出警告了。”我装作司机的样子，把着小汽车的方向盘：“亲爱的小朋友，下一站是终点站，请回家睡觉。”沛泽觉得挺有意思，乖乖地放下了手里的玩具，跟我去了卧室。

到了卧室，见我和老公都躺在床上闭目养神，不理会他，他一个人也觉得没意思，就自己躺在了小床上，不停地叫妈妈、妈妈，要我给他讲故事听。“好吧，我可以给你讲故事听，但是你必须躺在床上，闭上眼睛听故事。”常常是我的故事还没有讲完，小家伙儿就已经睡着了。

经过一段时间的纠正，沛泽已经能够按时上床睡觉了。偶尔沛泽玩游戏玩到一半的时候，如果到了睡觉的时间，我不会强制孩子上床睡觉，这对培养孩子的注意力是非常不好的，所以，我从不随意打断他，而是看他游戏内容结束了，再叫他去睡觉。

如何帮助孩子建立时间观念

日常生活是有作息时间的，虽然幼儿的自制力比较差，不能像大人一样，按部就班地什么时候干什么事情，但是只要父母制定了一定的规矩，并运用策略让孩子遵守，经过一段时间的约束，孩子就能建立良好的时间观念了。

要做到这一点，家长首先要带好头。比如，有的家长常常是很晚了，还在电脑前玩游戏，或者看电视，没有一个休息的环境，孩子也很难入睡。什么时间睡觉，最好家人有一个约定，到了这个时间，就要停下手里的工作，营造一个休息的环境。

当孩子不能按照父母的要求按时作息，比如到了午睡的时间，孩子还在磨磨蹭蹭不肯上床，你可以略施小计，给孩子来个有限选择，“要么睡午觉，可以去公园；要么继续玩，不去公园”，通常孩子就会选择前者。

延伸阅读：帮孩子建立良好的时间观念从怀孕开始

人们常说，教育要趁早。事实的确如此。据说孩子缺乏时间观念也许从胎儿的时候就埋下了隐患。科学表明，胎儿期妈妈的作息对胎儿也会有影响，妈妈自己生活有规律，也会让胎儿积极地感应时间。

由此看来，作为妈妈可不是一件容易的事情，从怀孕之初，你就要禁止熬夜、禁止三餐无定时，随意更改休息时间。不然的话，以后你的孩子就会和你一样，直到深夜也不想入睡。

姐姐，我要送给你一只毛毛虫

孩子的恶作剧虽然讨人厌，但同时也说明孩子富有幽默的天赋，千万不要让你的责备扼杀了孩子的幽默细胞。

一天傍晚，人们都在公园里散步、聊天，享受着宁静的生活。突然一个小女孩的尖叫声打破了这份宁静。只见小女孩把书包丢在地上，不顾一切地朝前跑去。这个小女孩我认识，和我同住一个小区，别人都叫她小静。每天从幼儿园回来，她都会来这里找她奶奶，奶奶会在这个时间在这个公园健身。

听到女孩的尖叫声，大家都吓了一跳。就在大家猜测发生了什么事情的时候，不远处传来几个小男孩幸灾乐祸的笑声，并嘲笑小女孩是胆小鬼。不一会儿，女孩拉着奶奶回来了，指着地上的书包说："奶奶，我怕，里面有蛇。"

女孩的奶奶找来一根棍子，小心翼翼地挑起书包，一只仿真度很高的玩具蛇从里面掉了出来，小女孩又是一阵尖叫，男孩们笑得更欢了，拍着手，大喊道："小静是胆小鬼，胆小鬼。"

"这群孩子真是太讨厌了，怎么欺负人啊，看我不教训你们。"女孩的奶奶假装从地上捡起一根棍子，朝男孩那边走了过去。男孩见状并不害怕，而是觉得这更好玩了，笑得更开心了。

在公园里休息的人们纷纷议论起来："这些小孩真是太调皮了。""可不是，大人要是不管一管，还不上房揭瓦。"男孩们才不会理会大人们的议论，只把它当成一个有趣的游戏。

可能很多人对孩子的恶作剧深恶痛绝，认为这样的孩子是必须要严惩的。实际上，事情也不是我们想象的那样一无是处，这虽然是孩子的恶作剧，但同时也是儿童的幽默，孩子们要的就是"小女孩尖声哭叫"的效果，幽默是智慧，是乐观，是不能粗暴扼杀的。

儿子的幽默感

似乎调皮是男孩的专利，每个男孩都会不时地给大人制造些"惊喜"，令你无可奈何。我儿子沛泽就是一个十分调皮的小家伙儿，他常常会出其不意地制造些麻烦给我，弄得我不得不向人家孩子的家长赔礼道歉。

沛泽 3 岁是最调皮的时候，他最喜欢的一个游戏，就是抓小蚂蚁、蚂蚱，或者是毛毛虫，然后把它装在小盒子里，以备不时之需。起初，我以为是孩子喜欢观察小动物，我还暗暗窃喜，谁知，他是用来吓唬小朋友的。

一天，沛泽见一个穿着花裙子的小女孩在玩滑板，就悄悄地走了过去，从盒子里捏出一只毛毛虫，趁女孩不注意，悄悄地放在了女孩的头上。然后，站在女孩的身后，啊地大叫一声，把女孩吓了一跳，又作出大惊失色的样子，"姐姐，你的头上有一只好大好大的毛毛虫！"还不忘用手比画着毛毛虫是怎样爬行的。

在儿子声情并茂的描述下，小女孩立马花容失色，丢下滑板，又是尖叫，又是跺脚，脸色吓得苍白。见到此景，沛泽笑得前仰后合。女孩的妈妈得知后，非常生气，我只得厚着脸皮，带儿子去给人家道歉。

本以为这样的游戏做了一次就可以了，不知为何儿子却爱上了这个游戏。总是拿一些小虫子来吓唬小朋友，而且小朋友们越是哭闹得厉害，沛泽越是高兴，以致有一次我气得失手打了儿子。

后来，我把儿子的调皮行为讲给一个搞教育的朋友听，朋友笑着说："你儿子太幽默了，你要是不打他，说不定他就是中国的卓别林呢！"朋友告诉我，孩子的这个行为不仅是恶作剧，也是幽默的表现，建议我保护孩子的幽默细胞，并语重心长地说："在现在的教育体制下，孩子能拥有幽默、乐观的心态是非常难得的。"

朋友的话顿时让我觉得儿子是那样的可爱。于是，我专门去了西单图书大厦，给儿子买了几本幽默漫画，还有一本幽默故事。儿子果然非常喜欢这些东西。我告诉他，如果他喜欢我可以经常给他买好看的书，前提是不能再拿那些虫子去吓唬小朋友，儿子小鸡啄米般地点头，表示同意。

为了使儿子的幽默细胞发扬光大，我和老公在教育孩子时也改变了策略，试用幽默教育法。当孩子生气发脾气时，我就会对他说："你看你的火气这么大，晚上我们就不用烧烤了，你只要哈两口气，就可以把羊肉串烤熟了。"儿子立马破涕为笑。

如何培养孩子的幽默感

人与生俱来就有幽默的因子，只是很多时候，我们忽略了对孩子的培养。那么，该如何培养孩子的幽默感呢?

对于幼儿来说，游戏是最好的教育，同样，培养孩子的幽默感不妨从游戏开始。当孩子学步的时候不小心摔倒，父母不妨做个鬼脸以示安抚；帮孩子穿衣服的时候，故意把袜子戴在头上，或者把鞋套在手上；还可以在孩子们过家家时，积极地参与其中，扮演其中的角色。

其实，只要用心去发现，生活中处处皆幽默。

延伸阅读：幽默感的发展与哪些因素有关

幽默感就是通过语言或肢体语言的表达方式，让与自己互动的对象感到愉快的言语或举止。那么，孩子的幽默感的发展与哪些因素有关呢?

1. 语言的认知能力

孩子的认知与语言能力发展到某个程度后，幽默感就会自然而然地形成。当他听到或看到某件有趣的事时，就会发出笑声。

2. 轻松、愉快的学习气氛

在孩子成长学习的过程中，总是处于轻松、愉快的学习气氛，会使孩子体验到更多的快乐，这有助于促使孩子以快乐的心情来看待周围的人，有利于幽默感的形成。

3. 父母的疼爱与照顾

在3岁前得到父母疼爱与照顾的幼儿，会表现出比较多的幽默感。所以，如果你想让你的宝宝富有幽默感，就多关心孩子吧。

妈妈，我要再吃一根冰棍

没有规矩不成方圆，没有规矩的约束会让一个人成长偏离正常的轨道。

去商店买东西，遇到了石头和他的妈妈。石头的妈妈已经买完东西，付了账，准备离开，可是石头却将大半个身子趴在冰柜上面，不肯离开。小声地说："妈妈，我要吃草莓味的冰棍。"显然，孩子知道妈妈很难答应这个要求，可小家伙儿并不肯放弃，还抱有一丝幻想。

"石头，你刚才不是吃了一根冰棍了吗？你一天只能吃一根。"石头的妈妈拒绝了孩子，拉着孩子的手就朝商店外面走，可孩子却使劲抓着商店的门，大声地说："我没有吃草莓味的冰棍。"

"不能吃，冰棍吃多了不好。你哭妈妈也不会给你买。"也许是看到了妈妈态度的坚决，石头放弃了最后的挣扎，悻悻地跟着妈妈离开了。走了两步，又回头望了望商店，看得出，孩子对草莓味的冰棍有多么的不舍。

因为孩子多喜冷饮，所以，一到夏天，孩子们都特别喜欢吃冰棍。由于家长怕孩子吃坏肚子，经常不允许孩子多吃，但孩子总是不听。尽管家长会苦口婆心地说好多遍："冰棍是不能多吃的，吃多了不好。"孩子依然会哭闹个不停。

其实，对于孩子来说，他只知道冰棍好吃，至于家长讲的“为什么吃多了不好”，“什么才是‘多’”，孩子的脑子里根本就没有这个概念，也无法理解为什么刚才让我吃，现在就不让我吃了，所以，孩子才会吵闹个不停。

如果从一开始就给孩子树立一个规矩，告诉孩子“一天只能吃一根冰棍，两根是不可以的”，孩子多会接受，错过了“一开始”，事情往往就麻烦了。

无规矩不成方圆

面对孩子的种种“不规矩”行为，你会采取哪种措施，是立即上前训斥，还是由着他的性子去，抑或举手无措，不知如何是好？其实，我觉得这三种处理方式都不是最重要的，最重要的是了解孩子的心理需求是什么，给孩子建立相应的规矩。

沛泽2岁的时候最调皮，常常把家里搞得乱七八糟，每天我都要花很多时间、很大的精力来打扫房间。我觉得这样下去不是个办法，孩子一天天长大，应该让他知道什么事情是该做的，什么事情是坚决不能做的。

一天，沛泽拿着画笔又开始在沙发上乱画，老公非常生气，抱起沛泽就来到了“面壁墙”跟前：“爸爸说过了，你要是再在沙发上乱画，就要罚站。”沛泽嬉皮笑脸地点了点头。可是，老公一松手，儿子就跑掉了，又跑到沙发上去作画了。他竟然把爸爸的生气当成一个好玩的游戏。

看老公没有办法，轮到我出场了。我拿着一张白纸放在桌子上：“沛泽，你到这里来画，记住，只能在纸上画画，不能在沙发上画画。”我表情严肃地告诉儿子。也许是迫于我的威严，小家伙儿不敢再去沙发上画画。就这样，每次我见到沛泽拿着画笔，立马给他拿来旧报纸，或者是一张白纸，慢慢地，孩子就知道纸是用来画画的，而沙发不是。

相比较其他的家长，我对儿子的教育方法颇为得意。邻居家有一个小孩，和沛泽一样大小，他总是在墙上乱画，每每这时，孩子的妈妈都会严厉地训斥孩子，甚至是打孩子两巴掌。这种严教外加棍棒的教育方式，表面上好像很见效，孩子显得很规矩，很服帖，不再往墙上乱画了，然而，床单却遭了殃，成了新的涂鸦场所。紧接着又是妈妈的责备，孩子的哭闹。殊不知，你再怎么严厉批评孩子，孩子还是不知道他的画笔应在什么地方画。

与我的这个邻居比起来，我的同事小肖就温柔多了。只要孩子高兴，不哭不闹，孩子的要求一律满足。去逛商场，孩子看到自己喜欢的玩具，统统装进购物车，虽然家里已经有了很多类似的玩具，但是小肖依然选择满足孩子的要求，以息事宁人。

孩子得不到满足都会哭闹，这是他试探大人的一种方式，如果孩子一哭闹，家长就失去原则，岂不是有一天会上房揭瓦！家长教育孩子一定要坚持自己的原则，满足孩子的合理要求，对于不合理要求一律不给予满足。慢慢地，孩子心中就有了一个衡量的标准，不会肆意发脾气了，因为他知道发脾气并不能改变事情的结果。

合情合理地给孩子立规矩

无规矩不成方圆，教育孩子亦如此。那么，该如何给孩子立规矩呢?

首先，立规矩要讲究方式、方法。我认为严教加棍棒教育同迁就一样不可取。立规矩之初，应先了解孩子的心理需求。比如，孩子很喜欢画画，很想买一个小画板，虽然你已经给孩子买了不少的玩具，但是这个画板对孩子来说很重要，我觉得还是应该给孩子买。孩子合情合理的要求就应该满足。

其次，坚守原则，不为哭闹所动。有些孩子以哭闹为武器，只要自己的要求没有被满足，就哭闹不止，这是因为他知道哭闹就能实现他的愿望。针对这种情况，家长一定要坚守自己的原则，孩子的不合理要求，即便孩子再怎么闹，都不应该满足他。

最后，制定符合孩子能力的规矩。给孩子立规矩时，不能脱离孩子的生活，也不能脱离其能力水平。比如，要求两岁的孩子自己穿衣服，可是他总是把纽扣张冠李戴，这是正常的，因为孩子的能力有限，苛求孩子做得完美是不可能的。

延伸阅读：0—6 岁的孩子应该遵守哪些规则

对于孩子来说，规则就是界限，就是什么事情不可以做。对于0—6 岁的孩子，国际儿童教育界的通行规则为：不伤害自己，不打扰他人，不破坏环境。至于孩子要遵守的规则，具体有以下 6 条。

第一，粗野、粗俗的行为不能有。

第二，别人的东西不可以拿，自己的东西由自己支配。

第三，从哪里拿的东西放回哪里。

第四，玩具和所有公共用品，谁先拿到谁先使用，后来者必须等待。

第五，不可以打扰别人。

第六，做错事要道歉，并且有权利要求他人道歉。

奶奶，我要和哥哥玩

很多家长不愿意让自己的宝宝和大孩子玩，担心孩子会吃亏。殊不知在保护孩子的同时，也让孩子失去了学习的机会。

3 岁的昭昭跟在 5 岁的嘟嘟的后面，嘟嘟走到哪里，昭昭就跟到哪里，嘟嘟玩什么玩具，昭昭也玩什么玩具。昭昭似乎对这个大他两岁的哥哥非常感兴趣，可嘟嘟却不喜欢昭昭，讨厌昭昭跟在他的身后。“你走开，我不和你玩，你还小，不能和我一起玩。”

对于嘟嘟的驱赶，昭昭不理会，还是寸步不离地跟在后面。这下，惹恼了嘟嘟，嘟嘟将昭昭一把推倒在地。“我不和你玩，走开！”昭昭摔疼了，哇哇大哭起来，昭昭的奶奶听到孙子的哭声，跑了过来。

“昭昭，奶奶跟你说过多少次，不让你和嘟嘟一起玩，你非要和他一起玩，你看，他又欺负你了吧。”昭昭的奶奶心疼地扶起孙子，拍了拍孩子身上的尘土。“走，我们和烁烁去玩吧，你们两个一样大。”

“不，不要，奶奶，我要和哥哥玩。”虽然被欺负了，昭昭依然不愿意和奶奶走，非要和嘟嘟玩。“你这孩子怎么这么傻呀，人家欺负你，你还和他玩！”昭昭的奶奶硬拉着孙子离开了。

很多家长会发现，自己的孩子总爱跟在比自己大的孩子后面玩，却对和自己一样大或者比自己小的孩子“不屑一顾”，这是为什么呢?

其实，3 岁以下的宝宝喜欢与大孩子玩，是一个比较普遍的现象。这是因为这个年龄段的孩子逐步学会了走路和初步的语言表达能力，使他越发地急着去探索这个世界，看到大哥哥、大姐姐们有那么强的本领，能做那么多有趣的事情，小宝宝就会对他们产生强烈的亲近、依附甚至崇拜心理，所以，小宝宝就成了大孩子们的铁杆粉丝，走到哪里，都要追着哥哥、姐姐们。

宝宝爱上大孩子

很多家长都会担心自己的孩子与大孩子玩会吃亏，的确如此。由于大孩子在体力上远远强于自己的孩子，偶尔欺负小孩的事情也时有发生。但是我认为这并不是不让自己的孩子与别的孩子一起玩的理由，相比这个不足，与大孩子一起玩，孩子能学到很多知识，增长见识，这才是最重要的。

沛泽从一岁半开始，就表现出非常乐于与大孩子交往的意愿，看到比自己大的孩子在一起玩，沛泽总是屁颠屁颠地跑过去，加入到他们的游戏中去。当然，那些大孩子对这个“小屁孩”总是表现出不屑一顾的样子，有时还会要求儿子离开。

每当这个时候，我就会帮着沛泽说服大孩子与他一起玩。一次，沛泽见两个小姐姐在玩过家家的游戏，沛泽跑了过去，学着小姐姐的样子，把草叶摘下来，放到玩具车里，两个小姐姐见到这位不速之客，立马要求他离开。

“为什么不叫小弟弟和你们一起玩呢？小弟弟好喜欢和你们一起玩。”我替儿子向两个小女孩说情。“阿姨，小弟弟还小，他会弄乱我们的‘菜’。”一个小女孩指着玩具车里的小草叶说。“如果阿姨叫小弟弟听话，不弄乱你们的‘菜’，你会让他加入吗？”小女孩点了点头。

“不要摘这样的‘菜’，你把‘菜’都弄断了。”刚玩了一会儿，另一个小女孩又开始抗议了。原来沛泽摘的小草叶不是整个儿的，这不符合两个小女孩的游戏规则。我见状立马假装责备沛泽：“沛泽，这就是你的不对了，你看小姐姐们是怎么摘‘菜’的，你要向她们学习。”我做了一个样子给沛泽看，沛泽立即就明白了自己的错误。

在我的帮助下，沛泽和两个小女孩玩得很开心。起初两个小女孩对沛泽还是有些不满意，慢慢地，两个小女孩开始照顾沛泽了，当沛泽做得不够好时，两个小姐姐会过来指导他。这件事说明，其实只要懂得大孩子们的游戏规则，小孩完全可以和比自己大的孩子玩得很愉快。当然，在这个过程中少不了家长的参与。

另外，通过我的观察发现，小宝宝有时不招大孩子的“待见”，与他幼稚的交往方式有关。比如小宝宝看到大孩子手里的玩具，会直接上去抢，这会让大孩子很反感，甚至会出现推打孩子的行为。

所以，当我发现儿子对别人手里的玩具感兴趣时，我就会鼓励儿子去和大孩子商量。“如果你喜欢哥哥手里的玩具，你就对哥哥说，‘哥哥我可以玩一会儿你的玩具吗？’”通常情况下，在征得了大孩子的同意后，大孩子都不会拒绝小孩子的要求，如果家长在这个时候再美言几句，大孩子往往会不由自主地担当起保护小弟弟的义务。

如何让孩子融入到大孩子的游戏中去

小宝宝和大孩子一起玩，可以学到很多本领。但由于大孩子都比较“鄙视”小孩子，所以，很多家长常常不知如何才能让自己的宝宝与大孩子玩到一起去。我认为，重点应从以下两个方面入手。

1. 教会孩子与人交往的技巧

小宝宝不招大孩子的“待见”，与他幼稚的交往方式有关。比如，小宝宝会直接抢大孩子手里的玩具，直接进入到大孩子的游戏中去，这种直接进入的方式，往往会令大孩子反感，因而遭到拒绝。

所以，家长要教会孩子如何与大孩子交往；教会孩子礼貌地和人打招呼；教会孩子如何与别人商量，加入到游戏中去；教会孩子懂得分享与合作。这样，大孩子才愿意接受比自己小的孩子。

2. 替宝宝说情，帮助宝宝与大孩子交往

当宝宝遭到大孩子的拒绝时，不是着急地抱着宝宝离开，而是应该替宝宝向大孩子说情：“小弟弟好喜欢和你们一起玩，你们能让他加入吗？我保证他不会破坏你们的游戏规则。”

小宝宝与大孩子一起玩游戏，难免会出现矛盾，家长切不可以“哥哥、姐姐应该让着弟弟、妹妹”的标准而批评大孩子，也不要以为“小宝宝吃亏了”而袒护小孩子，这样做，会让大孩子反感小宝宝。

延伸阅读：在与大孩子游戏时，小宝宝如何自我保护

小宝宝与大孩子一起玩，难免会发生矛盾，一旦发生矛盾，吃亏的当然是小宝宝。所以，家长有必要增强宝宝的自我保护意识，当大孩子打宝宝时，要告诉宝宝快点跑开，也可以向大人寻求帮助，抑或大声地呼喊。

总之，成人不要过分介入到孩子们的游戏中去，更不能对大孩子指手画脚，责怪大孩子。要想不让自己的孩子吃亏，让自己的孩子学会自我保护才是最重要的。

爸爸，外面有坏人，我不出门

孩子到了陌生的环境出现恐惧、退缩的行为是正常的，但是这种情况如果很长时间都没有缓解，就有可能是病态的退缩症。

可可生活在一个经济条件十分优越的家庭里，又是家里的独苗，所以，一家人都非常宠爱她，尤其是可可的爷爷、奶奶，对她照顾得无微不至，生怕她受一丁点儿委屈。从不肯让她单独出门，经常告诉她外面有坏人，像大灰狼一样狡猾凶狠，会把小孩子抓去，让她再也找不到爸爸、妈妈。

在爷爷、奶奶的“恐吓”下，可可养成了胆小、退缩的性格，直到 6 岁了，还不敢一人下楼去找小伙伴玩。每每爸爸叫她出去玩，她都会惊恐地喊道：“爸爸，外面有坏人，我不出门。”

就连去幼儿园对可可来说，都是一件非常困难的事情。在幼儿园里，可可没有朋友，不和老师说话，常常躲到一个角落里，别人一靠近，孩子就吓得往后退，甚至哇哇大哭起来。就是在家里，来了客人，可可也会马上躲起来，无论家人怎么叫她，她都不肯出来。

除了胆小以外，可可的依赖性也越来越强，什么事情都要大人帮忙。都 6 岁了，还要爷爷、奶奶帮她穿衣服，吃饭也要有人来喂，可可说她害怕被饭烫到。看到孩子这个样子，可可的爸爸、妈妈很担心，但又不知道问题出在了哪里。

像可可这种情况，心理学上称之为儿童退缩症。这样的孩子常表现为孤独、退缩、胆小，不愿到陌生的环境中去，甚至连逛公园、看电影、随父母到亲友家做客都不愿意。也从不主动与其他孩子交往，常常是形单影只、沉默寡言。

那么，可可为什么会患上儿童退缩症呢？我想这与她的家庭环境密切相关。可可的爷爷、奶奶对孩子的照顾可谓是事无巨细，以致孩子的依赖性非常强，一旦家长不在身边，孩子就会感到害怕，没有安全感，再加上家长的“恐吓”，是孩子患上退缩症的重要成因。

害怕钥匙的小男孩

1 岁以内的孩子常常是天不怕地不怕，看到小猫、小狗也敢去抓一把。但是，当孩子渐渐长大了，他就会意识到有些事情是不能去碰的。比如，当孩子看到狗锋利的牙齿后，就会产生恐惧心理，以致一看到小狗，就会抱着家长的大腿。不愉快的经历也往往成为孩子退缩症发生的原因之一。

沛泽小时候，就喜欢玩钥匙，拿着钥匙学着大人的样子，往钥匙孔里捅来捅去。渐渐地，儿子还学会了举一反三，只要是见到孔，他都会拿着钥匙去捅一下，看看会有什么奇迹发生。

一天，我们带着沛泽出去玩，沛泽手里拿着一把钥匙，和往常一样，沛泽又开始他的探索了。当他看到一辆电动车后，很是好奇，就把钥匙塞进了电动车的充电器中。就在那一刹那，电瓶导电了，产生了一个巨大的火花，沛泽手中的钥匙被熏得漆黑，由此产生的热量烫伤了沛泽的食指，沛泽痛得哇哇大哭。好在没有大碍，只是烫了一个大水泡，但我和老公早已吓得魂飞魄散。

为了防止再发生这样的危险，我吓唬了儿子几句，本以为孩子只要记住这个教训就可以了，但情况远比我想象的严重。这件事之后，一向天不怕、地不怕的儿子变得特别胆小，再也不敢玩钥匙了，甚至看到别人手里的钥匙，也会哇哇大哭，紧紧地搂着我的脖子，不肯自己走路，总要抱着。

后来，听一位心理医生说，我儿子的这种情况叫作儿童退缩症，如果不及时调整，对儿子的成长非常不利。于是，我开始有针对性地帮助儿子克服退缩症，当然，所有的问题都源于这把钥匙。一天，我故意拿着钥匙在儿子面前晃来晃去，儿子很反感，大声地喊道："快拿开!"

"儿子，这把钥匙是用来开门的，它只能放在钥匙孔里，其他的地方是不能放的。你看这是一个插座，就不能把钥匙放在这个孔里，不然就会导电，把你的手烫伤。"我边说边演示给儿子看，儿子不停地摇头。

"沛泽，你不用怕，钥匙是不会伤到你的，不信，你来试一试?"我把钥匙轻轻地放在沛泽的手心，沛泽不由地向后缩了缩手。经过我的再三鼓励，儿子终于鼓起勇气拿起钥匙，我拉着他的手，把钥匙插进了钥匙孔，并再三强调只要我们把钥匙放对了地方，就不会伤到自己。

有了成功的体验，沛泽也逐渐知道了，钥匙只要不放错地方，是不会伤到自己的，对钥匙的恐惧也逐渐消失，又恢复了以往的快乐。被烫伤后，儿子有很长一段时间，都不敢下楼玩，现在一天到晚和小朋友在外面做游戏。

别让你的孩子患上退缩症

儿童退缩症的发生与父母的态度、家庭教育环境以及强烈的精神刺激等因素有关。为防止孩子患上退缩症，家长应该从以下几个方面入手。

第一，改变不当的教养方式。有些家长担心孩子受委屈，意外伤害，对孩子的照顾事无巨细，什么事情都不让孩子插手。这样的孩子缺乏独立性，一旦家长不在身边，就会失去安全感。所以，不要以为对孩子的过度保护就是爱孩子，殊不知，这也是一种伤害。

第二，当孩子受到某种伤害或者是精神刺激后，要及时地教育、慰藉和开导。就拿沛泽被烫伤这件事来说，让孩子认识到危险是必要的，但同时也应该让孩子知道怎么做是安全的，这样孩子再遇到类似情况时，才不会害怕。

第三，良好的人际关系在帮助孩子克服退缩症方面，起着非常重要的作用。经常与小朋友们一起玩，孩子才不会感到孤独，融洽的人际关系会让孩子体会到更多的快乐。

延伸阅读：如何区别儿童的正常退缩行为与儿童病态的退缩症

儿童突然到了一个完全陌生的新环境，或遇到了惊吓、恐怖的情景，出现少动、发呆、退缩等行为表现，这是儿童正常的适应性反应，是正常的退缩行为。那么，这与儿童病态的退缩症有什么区别呢？

最为准确的指标是看孩子的退缩行为是否随时间而消逝。如果随着环境的迁移和时间的流逝，孩子能够很快地适应新的环境，就是正常的退缩行为；相反，如果症状日益加重，便是病态的退缩症。

阿姨，我的鞋子应该放在哪里呀

当孩子反反复复做一件事，并因为觉得自己做得不够好而焦虑不安、发脾气时，家长就要考虑孩子是不是患上了强迫症。

阿英是我的大学同学，前不久，带着5岁的女儿小念来北京玩，暂住在我家里。小念比我儿子沛泽小两岁，但言行举止看起来要比沛泽成熟一些，尤其是在做事的态度上非常认真。起初，我觉得这是一件好事，但渐渐地，我发现小念似乎有什么不对头。

一天，阿英带着女儿去外面游玩，回来的时候，小念站在门口，迟迟不肯进来。“阿姨，我的鞋子应该放在哪里呀？”我指了指门口的鞋架：“你随便放在鞋架的哪个位置都可以。”小念皱着眉头，站在门口好一会儿。

阿英解释说，在他们家里放鞋子的地方是分区的，A1区是放爸爸的，A2区是放妈妈的，A3区是放小念的。听了阿英的解释，我明白了，小念是在为把鞋子具体放在鞋架的哪个位置发愁。在我感慨小念做事认真的同时，也有些无法理解，就是一双鞋子，放在哪里不都一样吗？有必要这么较真儿吗？

准备好晚饭，我叫阿英和女儿过来吃饭。一听说吃饭，小念立马跑进卫生间洗手，足足洗了5分钟，也不见出来，水龙头一直哗哗作响。就在我纳闷之时，阿英又解释说：

“小念从小就爱干净，一定要洗三遍手，才肯吃饭。”又过了一会儿，小念终于从卫生间出来了，眉头紧锁，不停地看手，似乎还在担心手是不是洗干净了。

看到小念的表现以及阿英的解释，儿童强迫症在我的脑海逐渐清晰起来。儿童强迫症是儿童时期以强迫观念和强迫行为为主要症状，伴有焦虑情绪和适应困难的一种心理障碍。像小念这种反复洗手，依然担心手没有洗干净，拖鞋必要放到指定位置，否则就惴惴不安的行为，就是典型的强迫症的表现。

请不要太完美

人们总是习惯追求十全十美，总是喜欢好上加好，这种爱钻牛角尖、追求完美的人是最容易患上强迫症的，而且这种强迫症是具有一定的“传染性”的，它会潜移默化地影响你的家人以及孩子。

我就是一个十分好强、追求完美的人，我曾经把“没有最好，只有更好”作为座右铭。但是，渐渐地，我发现，这几乎是不可能实现的，同时也让我陷入了深深的痛苦中。最重要的是，我发现我的儿子和我有着惊人的相似。

其实，在很早的时候，沛泽就表现出了爱钻牛角尖的特征。比如，晚上睡觉的时候，他要是发现枕头放得有些歪，就会哭闹，不肯躺下，直到我把枕头重新放好。床单上有一点褶皱，他都会要求我把它铺平。

起初，我也和阿英一样，为孩子的认真劲儿感到高兴，但是，慢慢地，我发现这并不是一件好事。一天晚上，沛泽从睡梦中醒来，怎么都不肯入睡，哼哼唧唧的，并用手指向前方。我不明白儿子这么做是什么意思，那时沛泽才2岁，还不能准确地表达需求，再加上是在半睡半醒之间，说得就更加含糊不清了。

那一晚，我怎么哄他都不肯入睡，手一直指着前方。睡在一旁的老公被吵醒后，非常恼火，凶了沛泽几句，沛泽哇哇大哭起来。这一折腾，孩子彻底不睡了，清醒了很多，指着房间一角的大衣柜说："门，关门！"此刻，我终于弄明白沛泽不肯睡觉的原因了，原来是昨晚老公拿衣服时，没有把大衣柜门关上。

就为这点小事，儿子不肯睡觉，使我很震惊。这么小的孩子怎么就有这么高的要求呢？总是要一丝不苟，对事情的要求比成人还要认真。我开始担心起来，并不是说儿子将来一定会发展成为强迫症，但至少说明有这种可能性。

一个2岁的孩子有这样的问题，责任肯定在大人身上。因为家庭是孩子的主要活动场所，他的言行也源于模仿父母。认识到这一点，我开始反省自己，只有我自己不再那么较真儿，我的孩子才不会钻牛角尖。

除了改正自己外，我对儿子的言行上也有所改变。就拿一件小事来说，每次喂儿子吃饭，只要看碗里只有一点饭了，就会要求儿子全部吃掉。现在想想，又何必呢？剩下就剩下了，我会对儿子说："如果你不吃就算了，下次妈妈给你少盛一些。"

当儿子搭积木时，我不会在旁边指导他，要求他一定要搭一个完整的积木。只要他愿意，什么时候放弃都可以。

当然，我并不是教孩子半途而废，而是这样的游戏对孩子来说有难度，只要勇于尝试就好。

我想以我的亲身经历，告诉家长朋友们：凡事请不要太完美。

如何预防儿童强迫症

对于孩子来说，环境和周围人们的态度是导致儿童强迫症的重要原因。预防强迫症，父母应该从以下几个方面加以注意。

1. 请不要以孩子严格要求自己为自豪

很多父母都因为小孩对自己要求严格而自豪，其实真的没有必要。如果小孩对自己要求很高，可以鼓励，如果小孩为了达到某种目的，反反复复做一件事，而且不接受变化，固执得要命，父母就应该注意了，因为这并不是一个好现象。

2. 正确评价孩子

追求完美的孩子往往不自信，所以，父母要多鼓励孩子，让孩子看到积极的一面，不要给孩子制定太高的目标，跳一跳够得着的目标更容易培养孩子的自信心。

3. 父母要学会放松，不要焦虑

比如有的家长看到孩子犯了错误之后，会非常焦虑，总是反反复复地想事情的后果会怎样，会有多么的严重。虽然你没有直接告诉孩子你的想法，你的担心，但是孩子是能够感觉得到你的焦虑的。所以，父母首先要学会放松，不能焦虑。

延伸阅读：孩子出现重复行为就是强迫症吗

说到强迫症这个问题，有些家长会问到这样一个问题：我家孩子爱干净，总是洗手，你说是不是患上了强迫症呢？

其实不能这么说。我们每个人都有些重复行为或遵循一定的仪式程序的动作。比如爱干净的人反复洗手，经常擦桌子；责任心强的人，在离开单位之后，会反复检查门窗有没有关好，门有没有锁好。但这些都不能称之为强迫症。强迫症往往伴有情绪障碍，患儿会感到焦虑不安甚至发脾气，这才能称之为病态。

这家幼儿园很糟糕

抱怨可以传染，所以，家长请不要将你的负面情绪传染给孩子。不妨多给孩子正能量的引导，让孩子的世界里处处洒满阳光。

李强是我的同事，在办公室里是一个与众不同的人，总是自命不凡，整天一副因怀才不遇而郁郁寡欢的样子，满腹牢骚。前不久，李强的女儿小敏换了一家新的幼儿园，这是一家硬件、软件都俱佳的幼儿园，很多家长都希望能把自己的孩子送进这家幼儿园。

但李强却不这么认为："唉，现在选一家幼儿园太难了，选差点的幼儿园，孩子连中午饭都吃不饱，卫生条件也差；选一家好点的，学费贵得要命不说，那么好的环境不是助长孩子从小就养成养尊处优的坏毛病嘛？我都担心幼儿园那么好的伙食，会把孩子吃胖了。"

因为李强特别爱抱怨，所以，大家也就没把他的话当回事。一天，李强加班，把女儿带到了单位来玩，小家伙儿一进办公室，就眉头紧锁："爸爸，这儿的环境也太差了吧，你怎么在这样的环境中上班，你就不怕生病吗？"

真是有其父必有其女呀！中午吃饭的时候，李强带着女儿去食堂，可孩子却拿着勺子，一口不肯吃。"你怎么不吃呀？是不是不饿呀？"李强关心地问孩子。"这饭太难吃了，怎么连个鸡腿都没有啊？”“这不是有牛肉吗？”“牛肉有什么好吃的，还是鸡腿好吃。”孩子生气地把碗筷一丢，身子往后一倾，开始生气。女儿的不听话让李强大发雷霆，“你怎么那么多事，那么爱抱怨呢？”

是啊，孩子为什么这么爱抱怨呢？其实，我觉得李强在责备孩子之前，应该先反省自己，要不是家长整天让孩子生活在牢骚满腹的环境中，孩子又怎么会看什么都不顺眼呢？抱怨，是现在很多家长存在的一个毛病，而且这种抱怨随时随地都可能发生，无疑，这样的情绪是不利于孩子成长的。

抱怨会传染

孩子上幼儿园对家长来说是一件大事，很多家长早早地就开始考虑幼儿园，希望孩子有个最好的生活环境、最好的教育环境，我亦如此。在儿子到了上幼儿园年龄的时候，我和老公考察了不下10家幼儿园，我们两个还经常为上哪家幼儿园争吵，争执不下，我们决定把选择权交给孩子。

一天，我们开车去了一家离家较近的幼儿园，那是一家新建的幼儿园，环境还不错，玩具都是新买的，而且种类比较多，我比较看好。就问儿子：“沛泽，你觉得这家幼儿园怎么样？”

没等沛泽说话，老公在一旁就开始泼冷水：“这家幼儿园有什么好的，刚建成没多久，环境污染太严重，对孩子的身体不好。”听到爸爸这么说，儿子摇了摇头，表示不满意。

接着，我们又开车去了一家规模较大的幼儿园，老公很喜欢这家幼儿园。“我看这家不错，成立的时间长，规模又大，老师肯定有经验，儿子咱们就选这家怎么样？”小家伙儿的眼睛里闪过一丝喜悦，表示同意爸爸的看法。

“这家幼儿园好是好，可就是孩子太多了，老师能照顾得过来吗？万一儿子受欺负了怎么办？”我坐在一旁叹气地说，沛泽也跟着叹了口气。

就这样，我们一家接一家地看，最终也没有决定到底去哪一家。回来的路上，我看到沛泽低着头坐在座位上，不停地搓着手，看样子，小家伙儿很是焦虑，神情还带有一丝沮丧。此刻，我突然明白了，我们对孩子的言语“污染”是多么的严重，即便是今天选定了幼儿园，孩子也会因为我和老公的意见而心存疑虑，不会真正喜欢上幼儿园。为什么不给孩子点正能量呢？

回家之后，我把我的想法告诉了老公，他也意识到这样做对孩子的影响是不好的，会让孩子很受伤。第二天，我们再带着孩子去考察幼儿园时，不再喋喋不休地抱怨，而是让孩子自己去感受幼儿园的环境，从孩子的表情中来判断孩子对幼儿园的印象如何，当然，这也要结合我们自己的考察情况，只不过，我们不会在孩子面前表露出来。

当我们确定孩子上哪一家幼儿园之后，我对儿子说：“儿子的眼光真不错，我和爸爸也很喜欢这家幼儿园，这里的老师说话的声音是那么的好听，还有很多好玩的玩具，我觉得你在这里一定会过得很开心。”

在我们“正能量”的引导下，孩子很快喜欢上了幼儿园，而且很少听到儿子像别的孩子那样抱怨幼儿园很糟糕。每每听到别的小朋友说幼儿园很糟糕时，沛泽都会详细地给小朋友解释幼儿园是多么的好玩。

请给孩子“正能量”的引导

我非常认可这样一句话，孩子的心与父母的心是相通的。孩子年纪小，判断是非的能力、掌控情绪的能力以及喜好能力都是有限的，孩子就某一件事情、某一个人进行的判断、评价往往来自父母的影响。

所以，父母要给孩子“正能量”的引导。正能量是指一切给予人向上，给予人希望和追求，使人行动的动力和感情。可能有些家长会有这样的疑惑：我从来不在孩子面前说消极的话，可是孩子为何还是会经常发牢骚呢？

对于3岁左右的幼儿来说，也许他不能真正理解什么是烦躁，什么是抱怨，什么是焦虑，但是成人从表情中透露出的烦躁、悲观、失望、无奈，都会影响到孩子对这个世界的认知和判断。

延伸阅读：当孩子开始抱怨了，应该怎么办

如果你已经意识到自己不能在孩子面前抱怨下去了，那么，很好，这说明你已经迈出成功的第一步。可是孩子已经养成抱怨的习惯，该怎么办呢？

首先应该倾听，了解孩子抱怨的原因及内容，然后设身处地地站在孩子的角度去想一想，孩子的抱怨

是不是有道理，最后告诉孩子自己的看法和意见，并告诉孩子世界上没有完美的人和完美的东西，要学会宽容和理解。此外，还要让孩子知道，爱抱怨的人是不受欢迎的。

我就不道歉，怎么样

爱顶嘴、倔强的孩子并不是难管教，而是没有找到合适的管教方法。其实，倔强的孩子也有可爱的一面。

俊俊是一个不到6岁的小男孩，在小区里是出了名的倔小孩，在他的字典里，似乎从没有“犯错误”三个字。一天中午，俊俊在小区的草地上和几个小朋友踢足球，不小心将球踢到了一个小女孩的脸上，小女孩痛得哇哇大哭。

“俊俊，快向小妹妹道歉!”俊俊的爸爸命令道。“我就不道歉，怎么样!”俊俊叉着腰，理直气壮地回答。那样子似乎是别人给他道歉还差不多。俊俊的回答让爸爸很没有面子，于是，就开始和俊俊讲道理，可无论怎么说，小家伙儿就是不肯道歉。

俊俊的嘴硬令爸爸很生气，拉着俊俊的衣领把他拽到小女孩的身边：“快点道歉，不然今天我跟你没完!”爸爸的鲁莽行为让俊俊更加生气，跺着脚，大喊道：“我就不道歉，就不道歉，我看你怎么和我没完?!”

一气之下，俊俊的爸爸打了孩子一巴掌，俊俊瞪着大眼睛，用充满敌意的眼神看着爸爸，好像在说：“我就是这样，你爱怎么办就怎么办吧!”“看你这孩子还这么嘴硬，我叫你硬!”俊俊的爸爸抬起手，又是一巴掌，俊俊没有哭，还是刚才的那个表情。经过几番回合，不分胜负，俊俊的爸爸气得上气不接下气。要不是邻居在一旁说和，真不知道这场“战斗”要到什么时候才能结束。

在这个故事中，我们看到了一个倔强的小孩，同时也看到了一位倔强的父亲。在孩子不肯道歉的时候，俊俊的爸爸坚持要孩子道歉方可罢休，就这样一个针尖，一个麦芒，两个对着干起来，弄得两败俱伤。从两个人的表现来看，我们有理由说，“拧”的孩子的背后肯定有“拧”的父母。

不肯罢休的娇娇

孩子犯倔，犯拧，不驯服，实质是性格倔强，自己心里有主意，不愿意听从父母的建议造成的。我的侄女娇娇就是一个不折不扣的“拧”孩子。一次，我去弟弟家，见识了娇娇的倔脾气。

事情的起因源于一瓶可乐。娇娇趴在茶几上画画，弟弟下班回家，从冰箱里拿起一瓶可乐解渴，喝了半瓶之后，就把可乐放在了茶几上，与我聊天。不一会儿娇娇把她的大作画完了，很满意地端详了一下，准备拿给我和弟弟炫耀一番。不承想，一抬手，就把放在茶几上的可乐打翻了，可乐流了出来，弄脏了娇娇的画。

“谁让你把可乐放在这里呀？都怪你，你赔我的画，你赔！”娇娇气呼呼地朝爸爸大喊。“能怪我吗？是你把可乐打翻的。”弟弟与娇娇争吵起来。娇娇很是委屈，一气之下，跑到鞋架旁，把鞋架里爸爸的鞋子全部丢进了垃圾桶。

“你太不像话了，赶紧给我把鞋捡回去，快点!”弟弟指着地上的鞋命令道，然而，娇娇一点都没有向爸爸屈服的意思，而是双目圆睁，跺着脚，扯着嗓子朝爸爸喊道：“谁让你弄脏了我的画!”

啪的一声，一个清脆的巴掌打在了娇娇的屁股上。娇娇流着眼泪，不肯认输地喊道：“你不讲理，还打人!”我见父女俩越吵越凶，立马上前去劝架。我把弟弟拉到一边小声地说：“你也是，这么大一个人，怎么和小孩子一样计较。”安抚好弟弟之后，我将娇娇拉到了身边。

“娇娇，姑姑知道你辛苦画的画弄上了可乐，你很伤心，对吗?”娇娇点了点头，继而辩解说：“都怪爸爸把可乐放在了茶几上。”

“我也觉得爸爸不应该把可乐放在茶几上，应该向你道歉。”娇娇见我支持她，立马停止了哭泣，眼神中闪过一丝喜悦。“如果爸爸向你道歉了，你会向他道歉吗?不管怎么说，你把爸爸的鞋子都扔到垃圾桶里是不对的。”娇娇想了一会儿，同意了我的意见。

“娇娇，爸爸错了，没有注意到你在认真画画，不应该把可乐放在茶几上，对不起!”冷静下来的弟弟开始向女儿道歉。“爸爸，其实也不怪你，都怪我没有注意，是我错了，我不该把你的鞋子丢进垃圾桶里。”

娇娇的道歉很诚恳，令弟弟很吃惊，他小声地跟我说，他从来没见到女儿像今天这样，一下子就觉得女儿长大了，不再倔强了。我笑着说，那是因为你从来没有走进过女儿的内心，不了解孩子的想法，总想着孩子能屈服于你。

如何教育嘴硬的孩子

对于倔强的孩子，家长惯用的方法就是批评、惩罚、说教来使孩子接受错误，这样做，往往只会让孩子更加倔强。我认为最有效的方法应该是了解孩子的真实想法。其实，孩子不同的执拗行为背后往往有不同的原因与目的，懂得孩子行为背后的心理动机，方能对症下药，药到病除。

了解孩子的需求。以娇娇发脾气为例，她生气的原因不仅是因为爸爸放在茶几上的可乐洒在了她的画上，还因为在她因为画被弄脏之后，没有从爸爸那里得到同情，相反，爸爸还严厉地责备了娇娇，这才使娇娇火冒三丈，以致到后来一发不可收拾。

如果我们能够了解孩子发脾气背后的动机，就能够满足孩子的心理需求。当然，孩子也不会倔得像一头小毛驴了。至于那些爱向父母示威的孩子，遇事家长要和孩子共同商量，寻求解决的方法，多给孩子一些选择，父母适时地作出让步，孩子的倔脾气就能得到缓解。

延伸阅读：孩子倔强，父母要懂得“熄火”

每每孩子发脾气，不肯为自己的错误道歉时，家长一贯的做法就是采用软硬兼施、威胁加吓唬的方法，让孩子迫于家长的威严，低下头。可是这样做的结果，往往是激怒孩子，使孩子一步都不肯退让。当然，家长也会越发地生气，一场势均力敌的“战斗”到最后会搞得两败俱伤。

其实，最好的方法应该是在孩子生气发脾气的时候，及时撤离战场，采用润物细无声的方法，避免与孩子针尖对麦芒。暂时离开，可以让孩子有足够的时间与余地反省，等孩子的情绪逐渐平息下来之后，就会成为一头顺毛驴了。